AF470176

DÉCOUVERTE
DE LA LUMIERE
CELESTE
QUI PAROIST
DANS LE ZODIAQUE.

PAR MONSIEUR CASSINI de l'Academie Royale des Sciences.

A PARIS,

DE L'IMPRIMERIE ROYALE,

Par SEBASTIEN MABRE-CRAMOISY, Imprimeur de Sa Majesté
& Directeur de son Imprimerie Royale.

M. DC. LXXXV.

(G)

DECOUVERTE
DE LA LUMIERE CELESTE
QUI PAROIST DANS LE ZODIAQUE.

I. LEs nouvelles découvertes ne font pas fi confiderables dans leur commencement, qu'elles le deviennent dans la fuite : la continuation des obfervations eft ce qui les perfectionne, & ce qui en fait connoiftre la grandeur & les confequences.

La premiere découverte que nous fifmes à l'Obfervatoire Royal de la lumiere Celefte qui paroift depuis deux ans dans le Zodiaque, fut fuivie de quelques réflexions que nous donnafmes au public avec beaucoup de retenuë, parce que nous n'avions pas encore affez de lumieres pour juger décifivement d'un Phenoméne fi rare & fi extraordinaire. Elles fuffirent pourtant pour en donner une idée telle qu'on la pouvoit avoir alors, & capable d'eftre perfectionnée par des meditations plus profondes, & par d'autres obfervations propres à la déterminer & à l'éclaircir davantage. C'eft pourquoy il ne fera pas inutile de rapporter icy ce que nous donnafmes au Journal des Sçavans du 10. Juin 1683. & d'y ajoufter les réflexions que nous y avons faites depuis.

II. Nos premieres Obfervations furent rapportées dans le Journal en ces termes :

NOUVEAU PHENOMENE
rare & fingulier d'une Lumiere Celefte, qui a paru au commencement du Printemps de cette année 1683.

LE Printemps de cette année 1683, a commencé par un fpectacle des plus rares qu'on ait obfervé dans le Ciel.

Une lumiere femblable à celle qui blanchit la voye de lait, mais plus claire & plus éclatante dans le milieu, & plus foible vers les extrémitez, s'eft répanduë par les fignes que le Soleil doit parcourir en cette faifon. Je commençay de l'appercevoir à l'Obfervatoire Royal le foir du 18. Mars, deux jours avant l'équinoxe, lors qu'aprés l'obfervation des changemens qui fe font dans la planete de Saturne, je voulus reconnoiftre la premiere étoile d'Aries, qui fe voit par les lunettes, compofée de deux éloignées l'une de l'autre de la fomme de leurs diametres. Je vis cette conftellation & celle du Taureau beaucoup plus lumineu-

« JOURNAL
« du 10. Juin
1683.
«
«
«
«
«
«
«
«

A ij

4

» ſes que d'ordinaire vers les ſept heures & trois quarts, une demi-heure
» aprés la fin du crepuſcule du ſoir. Cette lumiere n'eſtoit bornée du coſ-
» té de l'Occident que des brouïllards qui eſtoient à l'horiſon juſqu'à
» deux ou trois degrez de hauteur, & ſa partie plus claire y avoit la lar-
» geur de huit à neuf degrez. Elle s'étendoit obliquement à peu prés ſe-
» lon le Zodiaque, & raſoit du coſté du Septentrion les deux étoiles plus
» luiſantes de la teſte d'Aries, dont elle comprenoit tout le corps. Selon
» ſa longueur elle s'étendoit ſur les Pleiades, & alloit finir en pointe, & ſe
» perdre inſenſiblement à la teſte du Taureau.

»   Le Ciel en cét endroit eſtoit fort clair, deſorte qu'on y pouvoit diſ-
» tinguer à la ſimple veûë les étoiles de la ſixiéme & de la ſeptiéme gran-
» deur ; & cette clarté, quoy-que reſſemblante à un brouïllard éclairé du
» Soleil, n'empeſchoit pas qu'on ne viſt ces petites étoiles, meſme dans
» le milieu où elle ſembloit plus denſe, comme on les voit ordinaire-
» ment à travers les queuës des cometes. Mais ſa largeur eſtoit trop
» grande pour pouvoir paſſer pour la queuë d'une comete, excedant
» trois ou quatre fois la largeur des plus grandes que j'ay veûës juſques à
» preſent. Au reſte elle leur eſtoit ſemblable, non ſeulement dans la
» tranſparence, mais auſſi dans la couleur, & dans la ſituation à l'égard
» du Soleil, auquel elle eſtoit à peu prés dirigée ſelon ſa longueur.

»   On s'apperceût en peu de temps qu'elle ſuivoit auſſi le mouvement
» du Ciel vers l'Occident : car dans ce mouvement elle demeuroit toû-
» jours dans les meſmes conſtellations, & ſe plongeoit avec elles dans
» les brouïllards qui eſtoient ſur l'horiſon.

»   Je doutay ſi elle n'avoit pas un peu de mouvement particulier vers
» le Septentrion : car les deux plus luiſantes d'Aries qu'elle friſoit au
» commencement par ſon coſté ſeptentrional, furent en ſuite compri-
» ſes dans cette clarté ; ce qui a eſté depuis confirmé par les obſerva-
» tions des jours ſuivans. Mais je ne pus pas en eſtre entierement aſſeu-
» ré ni alors ni aprés pluſieurs jours, parce que l'extrémité de cette clarté
» eſtoit de tous coſtez trop douteuſe, s'affoibliſſant peu à peu : de ſorte
» qu'il eſtoit extrémement difficile de la déterminer preciſément. Outre
» que les divers degrez de la clarté de l'air ſelon la diſtance au crepuſcule
» pendant les jours ſuivans, la faiſoient paroiſtre plus ou moins étenduë.
» C'eſt pourquoy à la premiere apparition du ſoir qui arrivoit une heure
» aprés le coucher du Soleil, la clarté plus ſenſible ne s'étendoit que juſ-
» ques aux plus luiſantes d'Aries en largeur, & aux Pleiades en longueur,
» & un peu plus tard elle enfermoit les unes & les autres ; mais quant
» au milieu, autant qu'on le pouvoit déterminer à la veûë, elle paroiſſoit
» toûjours au meſme endroit vers le milieu de la conſtellation d'Aries.

»   Aprés que cette conſtellation & celle du Taureau eſtoient couchées,
» je ne manquois pas de reconnoiſtre s'il ne reſtoit pas encore quelque
veſtige

veſtige de cette lumiere à la meſme hauteur & ſituation où elle avoit «
paru ; mais il n'y avoit plus rien d'extraordinaire. Ce qui faiſoit con- «
noiſtre qu'elle ſuivoit ces deux conſtellations dans leur révolution «
journaliere autour de la terre, puis que s'eſtant couchée avec elles les «
jours ſuivans, elle ſe trouvoit avec les meſmes au meſme endroit où «
elle avoit paru les jours précedens: ce qui, ſelon les Coperniciens, eſt la «
meſme choſe que de demeurer immobile dans le meſme lieu du Ciel «
pendant la révolution journaliere de la ſphere élementaire autour de «
l'axe de la terre d'Occident en Orient. «

Je l'ay donc obſervée dans le meſme état depuis le 18. juſqu'au 26. «
de Mars toutes les fois que le Ciel a eſté ſerein le ſoir du coſté d'Oc- «
cident, ſans avoir apperceû évidemment autre changement, ſi ce n'eſt «
que dans la derniere obſervation du 26. elle ne ſembloit pas s'é- «
tendre vers les cornes du Taureau ſi avant que dans les premieres, & «
elle ſembloit s'étendre un peu plus vers le Septentrion ; la luiſante «
d'Aries qui ſe rencontroit au commencement dans ſon coſté , eſtant «
alors enfoncée plus d'un degré dans cette lumiere. «

Je ne pus dans cette derniere obſervation découvrir la premiere «
étoile de cette conſtellation, parce qu'elle eſtoit plus baſſe & plus en- «
foncée dans les brouïllards, qui diminuoient auſſi l'étenduë de la lu- «
miere dans la partie occidentale plus que dans les obſervations préce- «
dentes. «

Voilà les premieres obſervations qui ſervirent à l'hypotheſe ſuivante.

Il y a donc apparence que ſans cét empeſchement, & ſans celuy des «
crepuſcules, on l'auroit veuë toûjours plus étenduë vers l'Occident, & «
fort proche du Soleil, qui dans le commencement eſtant dans le pe- «
nultiéme du Signe des Poiſſons, n'eſtoit éloigné de la premiere d'Aries «
que de trente degrez, & dans la derniere obſervation du 26. un peu «
plus de 22. de ſorte que ſi on avoit pû voir cette lumicre à la preſence «
du Soleil, elle luy auroit formé peut-eſtre une eſpece de chevelure. «

Suite de cette hypotheſe.

I I I. Puiſque ſelon cette hypotheſe la clarté du jour empeſche que l'on
ne voye cette chevelure au Soleil pendant qu'il eſt ſur l'horiſon ; & que la clarté des crepuſcules & les brouïllards ſont cauſe que l'on n'en voit que des parties aſſez éloignées du Soleil lors qu'il eſt ſous l'horiſon: il s'enſuit que lors
que les crepuſcules ſont ſi longs, & les ſignes où cette lumiere ſe trouve ſont ſi
obliques, qu'ils paſſent par l'horiſon pendant la durée des crepuſcules, on ne
ſçauroit voir cette lumiere en aucune heure de la nuit. Ainſi il ſeroit inutile de
la chercher dans la ſphere oblique aux temps de l'année que les crepuſcules y
durent toute la nuit ou la plus grande partie.

Tous les Aſtronomes ſçavent que dans nos climats Septentrionaux au mois
de Mars, les crepuſcules ſont les plus courts de l'année ; & qu'alors, aprés le coucher du Soleil, le commencement d'Aries eſtant à l'horiſon , celuy de Cancer,
qui eſt la partie la plus Septentrionale du Zodiaque, eſt au milieu du Ciel. Ainſi
le Zodiaque eſt le plus droit à l'égard de noſtre horiſon qu'il puiſſe eſtre : c'eſt

pourquoy cette lumiere se peut mieux voir le soir en ce mois que dans les suivans; & il seroit inutile de la chercher à Paris aux mois de Juin & de Juillet, que les crepuscules y durent toute la nuit.

Suites des réflexions précedentes.

Puis que nous avons remarqué que la clarté & la densité de cette lumiere, où elle est plus dense, est comme celle des queuës des cometes; il s'ensuit que tout ce qui est capable de faire disparoistre la queuë des Cometes empesche aussi de voir cette lumiere. L'on sçait que la clarté de la Lune efface les queuës des Cometes; elle effacera donc aussi cette lumiere: c'est pourquoy il est inutile de la chercher lors que la Lune est sur l'horison, particulierement proche de son plein. Toutes ces observations ont esté faites pendant que la Lune estoit sous l'horison.

On a remarqué en général que les divers degrez de la clarté de l'air, selon la distance des crepuscules, font paroistre cette lumiere plus ou moins étenduë, & qu'elle est diminuée par les brouillards. Et comme nous avons aussi remarqué que cette clarté est semblable à celle de la Voye de Lait, il sera difficile de la distinguer lors qu'elle se rencontrera avec elle.

„ IV. Aprés ce temps-là le Ciel ayant esté couvert le soir à l'Occident,
„ je n'ay pû verifier si cette clarté s'estoit dissipée, que le 14. le 22. le 24.
„ & le 28. d'Avril. Alors, quoy-qu'aprés le crepuscule la constellation
„ d'Aries fust cachée, la mesme clarté se voyoit encore dans la constel-
„ lation du Taureau, s'étendant jusqu'à sa corne boreale.

Mouvement de cette lumiere vers l'Orient.

V. Il paroist aussi par les dernieres observations comparées avec les précedentes, que cette lumiere se meut encore vers l'Orient. Car au mois de Mars son terme oriental fort ambigu, n'arrivoit que jusqu'à la teste du Taureau, & au mois d'Avril sa clarté arrivoit jusqu'à la corne boreale qui est plus Orientale, quoy-qu'au temps de cette derniere observattion le Zodiaque ne fust pas dans une situation si droite qu'il l'avoit esté en Mars; ce qui pouvoit diminuér la longueur de cette clarté.

„ VI. Et du costé du Septentrion elle approchoit de la teste de Meduse
„ & du genouïl meridional de Persée, son pied meridional estant en-
„ foncé dans la clarté de cette lumiere.

„ J'ay donc reconnu dans ces dernieres observations avec plus d'évi-
„ dence que dans les précedentes, que cette clarté s'avançoit un peu vers
„ le Septentrion; ce qui a empesché qu'elle n'ait esté si tost effacée par
„ le crepuscule du soir, pendant que le Soleil s'approchoit de la constel-
„ lation du Taureau.

Addition touchant la situation de cette lumiere.

VII. Au mois de Mars cette lumiere déclinoit déja de l'Ecliptique vers le Septentrion, comme il paroist de ce qu'estant dirigée au Soleil, sa longueur s'étendoit sur les Pleïades; & au mois d'Avril la déclinaison de cette lumiere vers le Septentrion estoit augmentée.

En cherchant quelle pouvoit estre la cause de cette déclinaison & de son augmentation, je fis réflexion que l'Equinoctial propre du Soleil qui nous est connu par le mouvement de ses taches qui se meuvent autour de luy, déclinoit alors de l'Ecliptique selon l'apparence du costé d'Orient vers le Septentrion, & que cette déclinaison augmentoit de Mars en Avril : ce qui me fit penser que le mouvement apparent de cette lumiere pourroit estre reglé par celuy du Soleil autour de son axe, & la lumiere renvoyée à peu prés selon le plan de son Equinoctial ; qui est une hypothese qui peut servir à expliquer la précedente, & qui merite d'estre proposée, pour examiner si elle ne répond pas aux autres circonstances des observations faites ou à faire comme elle répond à celles-cy.

Suite de cette seconde hypothese.

Si cette seconde hypothese subsiste ; en quelque climat du monde que l'on observe, mesme sous l'Equinoctial, cette lumiere ne peut paroistre commodément qu'en quelque temps de l'année, quand mesme elle seroit étenduë toûjours également autour du Soleil : car nostre œil n'est pas toute l'année suffisamment élevé sur le plan de l'Equateur du Soleil. Ce plan se presente en tranchant au commencement de Juin & de Décembre ; & à distance égale de ces deux termes il est également exposé à nostre veüe, & il nous est representé par des Ellipses, dont la plus grande largeur dans le disque apparent du Soleil est presque la huitiéme partie de sa longueur. Il se voit ainsi au commencement de Mars & de Septembre, qui sont les temps ausquels cette lumiere doit paroistre plus étenduë en largeur. On peut calculer en quelle proportion de la largeur à la longueur l'Equateur du Soleil doit paroistre à la terre en tous les temps de l'année, tant dans le disque du Soleil qu'à quelque autre proportion entre la distance du Soleil & le diametre de la lumiere, si elle n'est pas interrompuë en quelques endroits par les tourbillons de Mercure, de Venus, & de la Terre qu'elle rencontre dans son chemin ; à quoy il est raisonnable d'avoir égard, comme aussi à plusieurs autres causes qui peuvent varier la figure & les termes de cette apparence.

Parmi les Planetes qui tournent autour du Soleil, Venus qui est la plus proche de la Terre fait sa révolution sur un plan qui décline de l'Ecliptique vers le mesme costé que l'Equateur du Soleil, & la coupe dans le mesme signe & prés du mesme degré. Le plan de la révolution de Venus fait donc les mesmes diversitez d'apparence à la Terre en divers mois de l'année que le plan de l'Equateur du Soleil. Il est aussi representé en ligne droite au commencement de Juin & de Décembre, & en ellipse aux autres temps de l'année : la plus grande ouverture de l'ellipse arrive aussi au commencement de Mars & de Septembre. On peut donc supposer qu'outre la lumiere qui se répand sur le plan de l'Equateur du Soleil jusqu'à une certaine distance, il s'en répand aussi quelque partie sur le plan de la révolution de Venus à une plus grande distance jusqu'à la rencontre de l'orbe de la Lune disposé autour de la Terre, qui se peut étendre beaucoup plus loin que la Lune dans son apogée, & peut arrester & divertir deçà & de là le cours de cette lumiere, & la rendre sensible ; ce qui peut servir à expliquer l'étenduë de cette lumiere qui se perd insensiblement à une distance du Soleil qui excede deux signes. On peut aussi supposer qu'au passage de la lumiere de l'orbe de Venus à celuy de la Lune qui doit estre heterogene, il se fait quelque réfraction qui sert à representer l'étenduë de cette lumiere.

Comparaison de cette apparence avec d'autres semblables.

VIII. On a de la peine à trouver dans les memoires des temps " passez une apparence en tout semblable à cette nouvelle lumiere, qui "

» ſoit demeurée pluſieurs jours dans les meſmes Signes du Ciel ſans
» quelque mouvement particulier aſſez évident, & avec une ſi grande
» étenduë, particulicrement en largeur, & ſans l'apparition de quel-
» que Comete qui en fuſt l'origine.

» Celle qui y a le plus de rapport en cette derniere circonſtance &
» en celles de ſa durée, de ſa conſiſtance, & de ſa direction au Soleil, fut
» une que je vis à Bologne l'an 1668. quand j'eus l'honneur d'eſtre ap-
» pellé en France par ordre de Sa Majeſté à l'Academie Royale des
» Sciences. C'eſtoit un ſentier de lumiere ſemblable à la queuë d'une
» Comete qui occupoit l'eſpace de 30. degrez en longueur, & un peu
» plus d'un degré & demi en largeur.

» Je l'obſervay le 10. de Mars ſortir des nuages qui eſtoient à l'hori-
» ſon, & qui cachoient la conſtellation du Cetus ou de la Baleine, eſtant
» dirigée du coſté d'Orient vers le pied d'Orion, & du coſté d'Occident
» vers le lieu du Soleil. Sa longitude ſe rapportoit aux Signes d'Aries
» & du Taureau comme celle-cy ; mais elle avoit une grande latitude
» auſtrale, & changeoit de ſituation parmi les étoiles fixes par un mou-
» vement particulier vers l'Orient & vers le Septentrion, par lequel elle
» approchoit d'un jour à l'autre de la conſtellation d'Orion. Elle de-
» meura viſible juſqu'au 19. de Mars ; & pendant cét eſpace de neuf jours
» elle paſſa par diverſes étoiles fixes de l'Eridan, dont elle n'empeſchoit
» pas la veûë.

» Monſieur Chardin dans ſon livre du Couronnement de Soliman
» Roy de Perſe rapporte que *cette meſme apparence de l'an 1668. fut obſervée*
» *dans la Capitale d'une des Provinces de Perſe le 7. de Mars, qui eſtoit le ſecond*
» *jour de ſon apparition, & à Iſpaan Capitale du Royaume le 10. de Mars à 7. heu-*
» *res aprés midy. Elle paroiſſoit dans la partie auſtrale, & ſuivoit le premier mo-*
» *bile. Elle eſtoit longue de 30. degrez, 32. minutes,* ce qui s'accorde à noſtre
» obſervation, *& eſtoit large preſque par tout également de 6. degrez,* quatre fois
» plus qu'elle ne me parut à Bologne, où il y eût pourtant des perſonnes
» qui l'eſtimerent plus large : mais ſa largeur eſtoit difficile à détermi-
» ner, parce qu'aux extrémitez elle eſtoit foible, & ſe perdoit inſenſible-
» ment. Il ajouſte *que ſa partie plus élevée eſtoit vers le baudrier d'Orion & le*
» *fleuve Eridan.*

» C'eſtoit à moy l'Eridan, le baudrier d'Orion eſtant beaucoup plus
» ſeptentrional & occidental. La longitude qu'il luy donne de 72. de-
» grez, & ſa latitude de l'Ecliptique de trois degrez, ne s'accordent pas
» non plus à cette poſition.

» Il ajouſte *que ſon extremité inferieure eſtoit le Cetus ou le reply d'Eridan,*
» ce qui s'accorde préciſément à mon obſervation qui la met où le ven-
» tre du Cetus touche le reply d'Eridan, ſans avoir égard à la longitude
» & latitude qu'il donne à cette extrémité, dans laquelle apparemment
» il y a erreur de nombres. *Il dit que les Perſes l'appellerent Niazach, c'eſt à*

dire

dire petite lance, à cause qu'elle en avoit la figure. Ils diſoient n'avoir jamais veû ni »
entendu parler d'un Phenomene ſemblable, quoy-qu'on le jugeaſt une Comete dont »
la teſte eſtoit cachée dans l'Occident, de telle ſorte qu'on n'en pouvoit rien apperce- »
voir ſur cét horiſon-là. »

Mais je montray en cette occaſion que cette apparence avoit un »
rapport admirable à quelque autre ſemblable qui avoit paru deux mil- »
le ans avant celle-cy, c'eſt à dire, à celle que Carimander, au rapport de »
Seneque l. 7. des Queſtions naturelles, dit avoir eſté obſervée par Ana- »
xagoras, laquelle conſiſtoit dans une grande & extraordinaire lumiere »
qui parut pendant pluſieurs jours de la grandeur d'une grande poutre; »
& à celle que le meſme auteur dit avoir eſté obſervée par Calliſthene en »
forme d'un feu étendu en long avant que les deux grandes villes de »
l'Achaïe, Helice & Bure fuſſent abiſmées dans la Mer par un tremble- »
ment de terre : & que ſelon Ariſtote c'eſtoit une Comete qui au com- »
mencement ne paroiſſoit point à cauſe du grand embraſement, mais »
qui fut veûë dans la ſuite du temps quand le feu diminua. »

Ce Philoſophe au 6. chapitre du premier livre des Meteores parlant »
de ce Phenomene qui fut obſervé dans le Ciel vers le temps du trem- »
blement de terre & de l'inondation qui arriva en Achaïe, l'appelle »
tantoſt grande Comete, tantoſt grand Aſtre; & il dit qu'il parut à »
l'Occident Equinoctial, comme a paru le noſtre. Et aprés pluſieurs »
autres hiſtoires & remarques ſur de ſemblables apparences, il ajouſte »
que le grand Aſtre dont il avoit parlé auparavant, parut l'hiver en un »
temps de gelée & fort ſerein ſur le ſoir, l'année qu'Ariſtée eſtoit Ar- »
chonte d'Athenes; que le premier jour il ne parut point, s'eſtant cou- »
ché avant le Soleil; que le jour ſuivant il parut un peu, parce qu'il »
reſta un peu en arriere, & ſe coucha enſuite; que ſa lumiere s'étendoit »
juſqu'à la troiſiéme partie du Ciel en forme d'une trace; qu'à cauſe de »
cela il fut appellé Sentier; qu'il monta juſqu'à la ceinture d'Orion où »
il ſe diſſipa: ce qui arriva auſſi à peu prés au ſentier de lumiere de l'an- »
née 1668. »

Seneque qui prend cette apparence pour une Comete, traite de »
menteur & d'impoſteur Ephorus qui avoit dit qu'elle ſe diviſa en deux »
étoiles, ce qui n'avoit eſté avancé que de luy ſeul, quoy-qu'elle euſt eſté »
obſervée par toute la terre, & conſiderée comme un préſage de la ſub- »
merſion de ces deux villes. Quoy-que donc l'apparence de ſa grande lu- »
miere fuſt certaine, & autoriſée par le témoignage de tous les Obſerva- »
teurs, on ne demeura pas d'accord dans la détermination de ſon eſpe- »
ce, comme il eſt arrivé auſſi en l'apparence ſemblable de noſtre temps. »

Il y a quelque autre memoire de Cometes ambiguës dont on ne vit »
qu'une grande lumiere, comme celle qui fut obſervée depuis le 10. juſ- »
qu'au 23. de Novembre de l'an 1618. dans la partie auſtrale du Ciel »
vers la conſtellation de l'Hidre, avant l'apparition de la grande Co- »

C

» mete, qui parut dans la partie boreale sur la fin du mesme mois, & dura
» jusqu'à la fin de Janvier de l'an 1619.

Difference entre cette lumiere & les précedentes.

IX. Parmi tous ces Phenomenes lumineux que nous avons comparé à cette lumiere, il n'y en a pas un qui luy soit comparable dans la durée ni dans la situation
qu'il a dans le Zodiaque. Il semble pourtant le Phenomene le plus naturel de
tous : de sorte que l'on pourroit supposer qu'il eust esté autrefois, mais qu'on n'y
ait pas fait de réflexion à cause de sa ressemblance au crepuscule dont il ne s'est
jamais beaucoup éloigné. Mais comme nous découvrismes la lumiere de l'Eridan au mois de Mars 1668. après le crepuscule du soir, lors que selon l'hypothese exposée la lumiere du Zodiaque devoit estre plus apparente qu'en aucune autre partie de l'année, nous avons de la peine à supposer qu'elle fust dans
le Ciel lors mesme que nous en découvrismes une qui estoit moins évidente.
Nostre lumiere pourroit avoir les vicissitudes qu'ont les taches du Soleil qui se
forment en certains temps & se dissipent ensuite ; & aprés quelque temps que
les unes sont dissipées, il en paroist d'autres par une vicissitude interrompuë qui
ne finit jamais : ce que nous laissons à observer à la posterité.

De la nature de cette lumiere.

» X. Cette lumiere extraordinaire ne sçauroit estre sans quelque ma-
» tiere qui rayonne vers la terre, soit qu'elle soit lumineuse d'elle-mesme,
» soit qu'elle refléchisse ou rompe ses rayons, qui viennent du Soleil ou de
» quelque autre corps lumineux, ou immediatement ou par l'entremise
» de quelqu'autre corps ; & la direction que sa longueur a au Soleil donne
» sujet de supposer qu'elle vient du Soleil mesme.

Accord des hypotheses.

XI. Cette hypothese de la matiere rayonnante qui vient du Soleil nous sem-
bla naturelle du commencement, & encore plus aprés les réflexions que nous a-
vons ajoustées cy-dessus aux dernieres observations de sa déclinaison de l'Ecliptique du costé d'Orient vers le Septentrion à peu prés, selon la disposition qu'a-
voit alors l'Equateur du Soleil, & les cercles du mouvement de ses taches.

» XII. Dans mon abregé des observations de la Comete de l'an 1681.
» n. 12, j'ay dit qu'il peut y avoir dans l'*Ether* de la matiere répanduë capa-
» ble de refléchir la lumiere, comme il s'en rencontre dans nostre air qui
» environne la terre ; & que cette matiere se rencontrant par le chemin
» des Cometes où l'*Ether* peut estre tantost plus tantost moins pur, elle
» peut causer l'apparence de leurs queuës, & des variations qui leur arri-
» vent.

Les Atmospheres des Astres.

XIII. On auroit pû ajouster icy ce que je publiay de l'Atmosphere des Astres
dans le Traité de la Comete de l'an 1652. en ces termes.

*Terram & Sydus quodlibet magnam circum se habere atomorum Sphæram
existimo, quæ tamen eo semper tenuior est, quo magis a centro totius corporis*

remouetur, adeo ut in maxima distantia, maximam quoque tenuitatem ha-
beat, nec ingentia cœli spatia alia prorsus materia compleri, quam quæ aut ad
terram, aut ad quodlibet aliud astrum pertineat, ad cujus quidem astri motum,
etiam tota ad ipsum pertinens circumposita Sphæra movetur; quod mirum esse
non debet iis, qui optime norunt ad motum Jovis transferri & orbes Planetarum
quatuor multo sane majores, quam elementaris orbis hic una cum orbe lunari.

La Sphere des Atomes du Soleil peut former la matiere de cette lumiere; & une tres-grande Sphere d'Atomes concentrique à la terre dans la rencontre du plan de l'Équateur du Soleil, pourroit l'arrester, la faire assembler en abondance, détourner son cours deçà & delà, & la faire paroistre plus étenduë en longueur & moins en largeur, que si elle s'étendoit librement à une moindre distance.

XIV. Puis donc que cette lumiere est semblable à celle des Cometes tant dans la couleur que dans la clarté, dans la tenuité & dans la situation à l'égard du Soleil, on peut croire que la matiere qui nous la renvoye est de la mesme nature, soit qu'il y ait une Comete cachée dans les rayons du Soleil qui en soit l'origine (ce que je n'oserois pourtant avancer, puis qu'elle est si differente en largeur de toutes les queuës des Cometes qui ont esté observées jusqu'à present) soit qu'elle reçoive ses rayons immediatement du Soleil. Car comme nous voyons dans l'air des apparences causées par les réfractions & les réflexions des rayons du Soleil qui y arrivent immediatement, & d'autres semblables qui y arrivent par l'entremise de la Lune, comme sont les iris & les couronnes de l'un & de l'autre astre: il n'y a point d'inconvenient que de semblables apparences dans la matiere répanduë dans l'*Ether* soient formées par le Soleil ou immediatement, ou par l'entremise de quelque corps cometique. Elle nous pourroit mesme réfléchir la lumiere de quelque astre; ce qui seroit arrivé lors que certaines étoiles fixes ont pris une chevelure, comme Aristote dit qu'elles ont fait quelquefois, non seulement selon les observations des Egyptiens, mais aussi suivant ce qu'il avoit luy-mesme remarqué, en ayant veû à une des étoiles qui sont dans la cuisse du grand chien, quoy-qu'elle fust assez obscure d'abord, mais assez manifeste à ceux qui la regardoient attentivement.

Il est à remarquer que nostre lumiere paroist à l'endroit mesme par lequel plusieurs Cometes de ce siecle ont passé, comme celles des années 1652. 1665. 1672. 1680. & plusieurs autres des siecles précedens se rencontrant dans la Bande que j'ay appellée dans mes Traitez, à cause de ce frequent passage, le Zodiaque des Cometes.

Le choix des hypotheses.

XV. Quelque beauté que puisse avoir une hypothese, il ne faut pas aussitost exclure les autres comme inutiles, si elles sont capables de representer les mesmes apparences. Il est plus seûr d'en proposer plusieurs, qui estant comparées ensemble fassent connoistre l'excellence de celle que l'on doit preferer aux autres;

& comme l'on n'est pas asseûré qu'une hypothese qui s'accorde aux observations déja faites, doive estre conforme à celles qui restent à faire, il n'est pas inutile d'en avoir plusieurs en veûë pour les mettre à l'épreuve des observations.

Conjecture sur la distance de cette matiere lumineuse.

" XVI. Quant à la distance de la matiere qui est le sujet de cette lu-
" miere, ou le milieu par lequel elle est envoyée à la terre par réfléxion ou
" par réfraction, on ne la sçauroit déterminer avec assez de justesse par la
" parallaxe, à cause principalement de l'ambiguité de son terme, qui ne
" permet pas de la comparer avec subtilité aux étoiles fixes en diverses
" heures de la nuit, ni de divers lieux de la terre; mais on peut connoistre
" qu'elle est fort grande par la circonstance du mouvement journalier de
" 24. heures, par lequel elle suit les astres. Car dans l'hypothese commu-
" ne, quelle furie de vent pourroit jamais, sans dissiper cette matiere, la
" porter dans l'air pendant un mois entier avec tant d'impetuosité qu'el-
" le fist en un jour tout le tour de la terre, & avec tant de régularité qu'el-
" le répondist toûjours aux mesmes constellations? Et dans l'hypothese
" Copernicienne, par quelle force cette matiere pourroit-elle jamais ré-
" sister au mouvement journalier de la sphere élementaire d'Orient en
" Occident sans qu'elle en fust ni emportée ni dissipée? Il faut donc a-
" voûër qu'elle est audessus de la sphere élementaire, & par conséquent
" dans l'*Ether*; & si on considere qu'elle n'a que tres-peu de mouvement
" particulier, on sera porté à supposer qu'elle est fort élevée vers la région
" des étoiles. •
" Les Anciens ont fort bien réüssi lors qu'ils ont jugé que les Planettes
" qui ont le moins de mouvement particulier, & qui approchent le plus
" du mouvement universel des étoiles fixes, sont les plus élevées. Ce n'est
" que pour cette raison qu'ils ont jugé Saturne élevé sur toutes les autres
" planettes, & qu'ils ont mis Jupiter audessous de luy, ce que pas un des
" Astronomes aprés plus de 20. ou 30. siecles n'a jamais mis en doute.
" Ils l'ont mesme confirmé par les nouvelles hypotheses qui servent à
" la representation des apparences de leurs mouvemens, quoy-que ces
" hypotheses soient differentes entr'elles, & quelquefois contraires, com-
" me celle de Copernic, & celles de Ptolemée & de Tycho, chacune des-
" quelles démontre l'ordre des planettes superieures établi par les An-
" ciens, sur des principes qui leur sont propres, estant impossible de le fai-
" re indépendemment de quelque hypothese, ces deux planettes n'ayant
" pas de parallaxe sensible à cause du peu de proportion du diametre de
" la terre à celuy de leur cercle. C'est donc une bonne regle de détermi-
" ner la situation des objets nouveaux dans le monde par le rapport de
" leur mouvement à ceux des autres corps qui nous sont connus, lesquels
" par les observations Astronomiques nous trouvons rangez à diverses
" distances selon les differens degrez de leur vistésse apparente.

Suite

Suite des raiſons précedentes.

XVII. Voilà les raiſons que nous apportaſmes, pour prouver que la matiere qui eſt le ſujet de cette lumiere eſt au deſſus de la ſphere élementaire, après l'a-voir obſervée pendant plus d'un mois. La raiſon qui eſt tirée de ſa conſiſtance & de ſa durée a bien plus de force preſentement, après plus de deux années que ce meſme Phenomene ſubſiſte ſans qu'il paroiſſe qu'il ait ſouffert aucune diminution réelle.

Il n'y a point d'exemples d'objets lumineux formez dans la région de l'air qui ſoient de longue durée. Les arc-en-ciels, les couronnes, les parelies, les paraſelenes, & d'autres objets ſemblables formez dans l'air par les réfractions & réflexions des rayons du ſoleil & de la lune, ou par d'autres manieres, ne durent, les uns que quelques minutes, & les autres que quelques heures, & rarement quelques jours : joint que l'on ne les voit jamais que quand l'air eſt broüillé, au lieu que l'on ne voit jamais mieux noſtre lumiere que quand l'air eſt tres-ſerein & tres-pur, & lors que l'on diſtingue mieux les plus petites étoiles.

La preuve que nous avons tirée du mouvement journalier de cette lumiere au tour de la terre en 24. heures, pour montrer qu'elle eſt au deſſus de la ſphere élementaire, ſuppoſe ce qui eſt commun aux hypotheſes de Ptolomée, de Copernic & de Tycho, que la ſphere élementaire eſt immobile à l'égard de la terre. Et de vray, puis qu'il faut faire diſtinction entre la région élementaire & la celeſte, on ne voit pas où l'on puiſſe mieux mettre le terme de l'une & de l'autre, qu'où ſe termine la révolution journaliere autour des poles de l'Equinoxial, ſoit qu'on l'attribuë au ciel, ſoit qu'on l'attribuë à la terre. Ainſi tout objet qui fait chaque jour une révolution autour de la terre doit eſtre ſuppoſé celeſte.

L'auteur du livre moderne, que le P. Merſenne publia ſous le nom d'Ariſtarque Samien avec des notes de M. de Roberval, ſuppoſe qu'il y a deux atmoſpheres ; une inferieure & terreſtre, qui eſt dans la région inferieure de l'air, formée partie des vapeurs & des exhalaiſons qui ſortent de la terre, & partie des particules de l'air attirées de la terre meſme ; une autre ſuperieure & celeſte, formée partie des exhalaiſons tres-ſubtiles chaſſées de tout le ſiſteme de la terre, & de ſes élemens hors de ce meſme ſiſteme, & partie des particules de l'ether attirées par le meſme ſiſteme, & meſlées aux exhalaiſons qui s'arreſtent dans la partie du ciel qui environne immediatement la ſurface de ce ſiſteme : Que l'atmoſphere inferieure eſt ſujette à des changemens continuels, & differens de moment en moment, & ſuit le mouvement journalier de la terre ; c'eſt à dire, que dans l'hypotheſe commune elle ſe tient à la terre, & ne ſuit nullement les mouvemens journaliers des aſtres : & que la ſuperieure n'eſt point ſujette à des changemens ſi frequens, & ne ſuit point le mouvement journalier de la terre ; c'eſt à dire que dans l'hypotheſe commune elle ſuit le mouvement journalier des aſtres ; & c'eſt dans cette atmoſphere qu'il place les cometes & les autres phenomenes ſemblables.

Mais il faut remarquer que cét auteur donne à la lune un ſiſteme dont elle eſt le centre, qui nage dans l'air, qui appartient au ſiſteme de la terre : ainſi cette atmoſphere celeſte ſelon luy eſt au deſſus de la lune ; ce qui ſe confirme par ce que ſelon ſon hypotheſe le mouvement meſme de la lune en 27. jours eſt une communication du mouvement journalier de la terre, qui ſe rallentit peu à peu dans l'air ſelon ſa diſtance à la terre ; & il doit reſter beaucoup d'eſpace au deſſus de la lune avant que la periode de 27. jours continuant dans ſa diminution ſe réduiſe à rien. Or quand nous parlons de la ſituation de la matiere qui eſt le ſujet de cette lumiere au deſſus de la ſphere élementaire, nous entendons parler de cette ſphere inferieure dans laquelle il eſt conſtant que les apparences lumineuſes des arc-

D

en-ciels, des couronnes, & autres semblables sont formées ; dans laquelle si on la pouvoit placer en rendant raison de sa consistance & de sa disposition apparente, il seroit inutile de la chercher plus loin.

Si nous avions trouvé que la longueur de cette lumiere fust disposée selon l'orbite de la lune, cette disposition nous auroit fait juger qu'elle peut estre dans la région lunaire : mais au temps de nos premieres observations le nœud descendant de cette orbite estoit au 14. degré d'Aquarius, & sa plus grande latitude australe estoit au 14. du Taureau où la latitude boreale de cette lumiere estoit contraire à celle de la lune au mesme lieu.

Raison tirée de la situation apparente de cette lumiere.

XVIII. Une des choses dont on ne voit pas quelle raison l'on puisse rendre en plaçant la matiere qui est le sujet de cette lumiere dans nostre sphere élementaire, est la situation perpetuelle qu'elle a selon la longueur du zodiaque.

Le zodiaque est le lieu du ciel dans lequel se font les révolutions particulieres de toutes les planettes, lesquelles ne parcourent pas indifferemment toutes les constellations, mais seulement les douze qui sont disposées en cette bande, qui est d'une largeur qui paroist à la terre de plusieurs degrez. Il n'a point de situation permanente à l'égard des parties de la terre & de la sphere élementaire qu'il environne, comme l'a l'équateur & ses paralleles, qui passent toûjours par les mesmes lieux de la terre & de la mer ; mais il change de situation à tous momens, & si le matin il est étendu de nordest à sudoüest, comme il arrive dans nos climats au solstice d'esté, le soir du mesme jour il est étendu de sudest à nordoüest ; & selon l'expression des Coperniciens, la révolution journaliere déplace continuellement du zodiaque les parties de la terre & de l'atmosphere qui le suivent.

Nous voyons icy bas des choses qui se disposent naturellement selon l'équateur, ou selon ses poles, comme sont toutes les choses aimantées. Et les pilotes observent proche de l'Equinoxial des courants & des vents réglez d'Orient en Occident que les Coperniciens prétendent estre un effet de la révolution journaliere de la terre d'Occident en Orient autour de son axe selon l'Equinoxial.

Quoy-qu'ils supposent aussi que tout le sisteme de la terre qui comprend la sphere élementaire & l'orbe de la lune, fait sa révolution annuelle autour du soleil par le zodiaque, qui a une grande déclinaison de l'Equinoxial, ils ne trouvent point que ce mouvement se fasse sentir par des vents, car il n'y a point de vent qui suive la direction du zodiaque. S'il y en avoit, on les pourroit distinguer des autres, parce qu'ils varieroient tous les jours de douze en douze heures de nordest à nordoüest, & réciproquement & ils pourroient estre plus violens que ceux qu'on attribuë au mouvement journalier. Ces vistesses seroient égales si la distance du soleil à la terre, qui détermine le diametre de l'orbre annuel, n'estoit que 365. fois plus grande que le demi-diametre de la terre : mais il n'y a plus d'hypothese astronomique qui ne le fasse beaucoup plus vaste, & nostre mesure des parallaxes du soleil le fait de 22. mille demi-diametres de la terre ; & par consequent le mouvement annuel par le zodiaque se trouve 60. fois plus viste que le journalier, qui se fait selon l'Equinoxial, & selon nostre calcul il fait plus de six lieuës en une seconde. Comme ce mouvement-là ne se fait sentir dans la sphere élementaire par aucun souffle de vent, il faut dire dans cette hypothese qu'elle est portée autour du soleil avec la terre sans aucun branlement de ses parties, demeurant au centre de l'orbe de la lune ; ce qui a fait dire à M. Descartes que ce mouvement de la terre n'est qu'un veritable repos. Il ne se pourra donc faire aucun arrangement particulier des matieres comprises dans la sphere élementaire selon la situation du zodiaque, qui à l'égard de cette sphere est comme un horison oblique au dedans duquel elle fait sa revolution journaliere selon l'Équinoxial, dont les poles sont elevez sur cét horison de 66. degrez & demi, & demeurent toûjours immobiles pendant qu'elle tourne.

Si l'on pouvoit trouver dans l'air quelque cause qui rangeast les vapeurs & les exhalaisons qui s'y trouvent, selon le zodiaque ; non seulement on pourroit expliquer cette lumiere par la refraction des rayons du soleil dans ces matieres ainsi disposées, mais examiner si elle ne pourroit pas estre causée par la lumiere du soleil qui éclaire la terre, reflechie vers le ciel sur de telles matieres capables de la déterminer & la refléchir de nouveau ; comme il arrive à la lumiere, qui dans le croissant de la lune est refléchie de la partie de la terre exposée au soleil, à la partie obscure de la lune dont elle nous fait voir les taches. Mais il faudroit que cette matiere fust si rare qu'elle ne pust troubler la serenité de l'air, ni cacher les astres.

Les raisons que nous avons apportées pour prouver que le sujet de cette lumiere n'est pas dans la sphere élémentaire, ne répugnent point à l'hypothese de plusieurs grands philosophes modernes & anciens, qui expliquent la propagation de la lumiere par un écoulement de matiere subtile qui arrive jusqu'à nostre veüe. Selon ces hypotheses il y a de la matiere en l'air répanduë de tous les objets visibles à quelque distance qu'ils puissent estre. Mais comme dans cette hypothese il y a la source de cette matiere subtile, & des corps qui la déterminent à venir jusqu'à nous, qui sont les objets qu'elle rend visibles, dont quelques-uns sont appellez réels, que nous voyons dans leurs propres figures, comme le soleil, la lune & les astres, d'autres apparents comme les iris, les couronnes, & d'autres semblables ; nous parlons icy de la situation de l'objet que nous voyons dans le zodiaque, qui peut estre ou une matiere lumineuse d'elle-mesme, ou une matiere qui réfléchit, & détourne les rayons du soleil ou de quelque autre corps lumineux comme font les vapeurs dans l'air, lors qu'elles nous font voir les iris & les couronnes par la réflexion & la réfraction des rayons du soleil & de la lune.

Raison tirée du mouvement particulier.

XIX. Nous avons parlé du mouvement propre de cette lumiere qui peut encore servir à faire connoistre sa veritable situation. Outre la variation de sa déclinaison, elle paroist s'avancer peu à peu d'Occident en Orient, & parcourir les signes du zodiaque par un mouvement à peu prés égal à celuy du soleil. Il est vray qu'on ne distingue pas toûjours ce mouvement d'un jour à l'autre, comme apparemment il arriveroit, si ce phenomene paroissoit bien terminé ; de sorte que l'on pust remarquer précisement & sans hésiter, le point du ciel jusqu'au quel il s'étend selon sa longueur. Mais comme on apperçoit ce mouvement avec une entiere évidence en comparant les observations d'un mois avec celles d'un autre ; & que d'ailleurs il est constant qu'il y a des causes accidentelles, qui font paroistre cette lumiere tantost plus tantost moins étenduë, selon la diverse distance des crepuscules & selon les divers degrez de la serenité de l'air ; on peut connoistre aisément que c'est par ces mesmes causes qu'on n'apperçoit pas toûjours ce mouvement, & que mesme il paroist quelquefois que cette lumiere au lieu d'avancer d'un jour à l'autre vers l'Orient, reste plus arriere, comme il a esté remarqué dans le journal au 26. Mars ; de sorte que les observations des jours suivans font quelquefois douter des circonstances particulieres de celles des jours précedens.

C'est par cette raison que dans le mesme Journal je n'ay mis qu'en gros les observations du mois de Mars & celles du mois d'Avril, qui estoient évidemment differentes des premieres, sans specifier les circonstances particulieres de chaque jour, qui n'avoient pas de si grandes differences que l'on ne pust douter si elles ne venoient point des causes accidentelles dont nous avons parlé.

Mais comme la durée de cette lumiere rend considerables les premieres remarques qui en furent faites, il ne sera pas inutile, afin qu'on les puisse comparer aux observations des mesmes jours des années suivantes, d'ajoûter icy les particularitez que j'écrivis alors en abregé dans mon registre, pour me les remettre dans la memoire dans les descriptions plus amples que j'avois dessein d'en faire.

Le 18. Mars à 7. heures 45′ une grande clarté s'étendoit par les signes d'Aries & du Taureau.

Le 19. 7. h. 45 la mesme clarté qui parut le jour précedent au couchant s'étendre depuis Aries jusqu'aux Pleïades, avec une longueur considerable, paroissoit encore au mesme endroit.

Le 22 à 10. h. la clarté d'Aries & du Taureau estoit encore grande.

Le 23. à 10. h. les nuages cacherent la constellation d'Aries : mais la mesme clarté paroissoit encore plus étenduë ; & des nuages noirs qui estoient dedans, la relevoient encore davantage.

Le 25. à 8. h. la lumiere occidentale paroissoit fort distinctement : elle contenoit toute la constellation d'Aries, & elle alloit se terminer au dessus des Pleïades.

Le 26. à 7. h. 42. la clarté occidentale commençoit à paroistre.

Le 14. d'Avril à 8. h.½ la lumiere extraordinaire paroissoit encore à l'Occident : elle comprenoit les Pleïades, & s'étendoit entre les cornes du Taureau.

Le 22. Avril, aprés une observation d'une éclipse du premier satellite de Jupiter à 9. heures, on voyoit à mesme temps la clarté extraordinaire du costé d'Occident : elle comprenoit le pied meridional de Persée, & alloit se terminer insensiblement du costé du Septentrion proche de la teste Meduse, & du genou meridional de Persée, où l'on avoit de la peine à distinguer la voye de lait ; & du costé d'Orient, elle se terminoit à la corne septentrionale du Taureau.

Le 24. à 9. heures la clarté occidentale paroissoit au mesme endroit.

Le 28. Avril à 9. heures ½ on voyoit encore la clarté occidentale.

La remarque que je fis le 22. d'Avril qu'on avoit de la peine à distinguer la voye de lait à l'endroit où s'étendoit la lumiere, fait connoistre qu'elle pouvoit aussi s'étendre plus loin sans estre distinguée. D'ailleurs il paroist qu'elle s'étendoit plus loin dés le 14. d'Avril, quand je remarquois qu'elle s'étendoit entre les cornes du Taureau, sans luy donner aucun terme du costé d'Orient, où elle se confondoit avec la voye de lait, qui est touchée par les cornes du Taureau.

On voit donc, non pas immediatement par les observations faites d'un jour à l'autre, mais par celles d'Avril comparées avec celles de Mars, que cette lumiere s'avance toûjours vers l'Orient ; ce qui a esté confirmé depuis avec une entiere évidence par les observations suivantes de son cours dans les autres signes du zodiaque, & de son retour au mesme lieu & au mesme jour de l'année.

Des objets qui participent du mouvement annuel par le zodiaque.

XX. L'apparence du mouvement annuel par le zodiaque, selon les hypotheses de tous les Astronomes, convient au soleil, & aux orbes de Mercure & de Venus, que les Ptolemaïciens plaçoient au dessous du soleil, l'un sur l'autre, de sorte pourtant que leur centre se rencontre toûjours dans la ligne qui va de la terre au soleil ; mais les Coperniciens aussi-bien que les Tychoniciens les placerent l'un dans l'autre autour du soleil, & cette hypothese est confirmée par les phases de

ces

ces deux planettes, qui démontrerent évidemment qu'elles font tantoft deffus
tantoft deffous le foleil. Il y a cette difference, que Tycho auffi-bien que Ptolomée reconnoift ces mouvemens annuels du foleil, & des orbes de Mercure &
de Venus, pour réels ; & Copernic ne les reconnoift que pour une apparence
ccaufée par le mouvement annuel qu'il donne à la terre autour du foleil fur un
cercle qui comprend les orbes de Mercure & de Venus, lefquels ont le foleil
pour centre tant dans l'hypothefe de Tycho, que dans celle de Copernic.

Tout ce qui eft compris dans noftre fphere élementaire, felon Copernic, par-
ticipe du mouvement annuel ; mais on ne le peut pas appercevoir dans les corps
élementaires, parce qu'il ne les dérange point, & qu'il ne les empefche point de
fuivre le mouvement journalier. S'il y avoit des corpufcules qui fe détachaffent
de la fphere élementaire par le mouvement journalier de forte qu'ils en perdif-
fent l'impreffion, qu'ils ne fuiviffent que le mouvement annuel, & qu'ils euffent
la propriété de rompre les rayons du foleil, & les renvoyer à la terre d'une maniere particuliere ; ils pourroient bien caufer quelque apparence femblable d'u-
ne lumiere difpofée felon le zodiaque, laquelle paroiftroit du cofté du foleil.

La mefme chofe pourroit arriver s'il y avoit dans la mefme fphere élementaire des parties incapables de recevoir l'impreffion dù mouvement journalier, qui
obéiffent au mouvement annuel : & enfin fi dans l'orbe annuel il y avoit de la
matiere qui ne fuft emportée ni par le mouvement journalier, ni par le mouvement annuel, & qui fuft capable de rompre d'une certaine maniere les rayons
du foleil, laquelle on ne pourroit non plus voir que de fon cofté. Mais comme il
faudroit pour ce fujet introduire dans la nature une matiere d'une proprieté
tout extraordinaire dont on n'a jamais eû d'autre indice : il nous a femblé qu'il
valloit mieux chercher fi l'on ne peut pas reprefenter ce phenomene par quelque matiere dont les obfervations d'autres apparences nous ayent déja donné
quelque idée.

Quelle peut eftre la matiere qui fait paroiftre cette lumiere

XXI. Les obfervations de ce fiecle ont fait connoiftre que le foleil n'eft pas
feulement la fource de la lumiere, mais auffi d'une matiere propre à terminer, à
détourner, & à reflechir fes rayons ; & que cette matiere ne coule pas toûjours
de la mefme maniere, mais qu'elle a des viciffitudes fans regle, felon lefquelles
nous voyons en certains temps dans fon difque des facules, qui font plus claires
que le refte de la furface, & des taches obfcures qui ne font point penetrées par
fa lumiere. Nous les voyons tourner autour de fon globle, & faire leurs révolutions reglées par lefquelles elles retournent au milieu de fon difque apparent en
27. jours ou environ : nous voyons que ce mouvement fe fait par des cercles paralleles dont le plus grand eft l'Equateur du foleil, qui décline du plan de l'écliptique de 7. degrez ou environ, & qui la coupe vers le 10. degré des Gemeaux,
où eft fon nœud afcendant, & vers le 10. du Sagittaire, où eft fon nœud defcen-
dant, felon les obfervations de Scheiner confirmées par les noftres.

Ce mouvement des taches nous fait connoiftre celuy du globe du foleil autour
de fon axe, dont le pole boreal fe rapporte au 10. degré des Poiffons, & l'auftral au 10. degré de la Vierge. Puis donc que nous voyons que le foleil rejette
d'un cofté de la matiere affez groffiere autour de fon globe, & que de l'autre il
pouffe bien plus loin fa lumiere qui nous rend vifibles les objets d'où elle eft reflechie vers nos yeux, & qui pourroit confifter dans une matiere infiniment plus
fubtile, laquelle eft encore vive jufqu'à Saturne, quoy qu'il en foit dix fois plus
éloigné que la terre ; de forte que nous voyons cette planette par la réflexion de
fes rayons qu'il fait de toutes parts, & l'ombre dans les endroits de fon globe qui
font cachez au foleil, & expofez à la terre, comme auffi l'ombre du globe dans

E

la partie poſterieure de ſon anneau : le ſoleil meſme pourroit bien envoyer par ſon mouvement autour de ſon axe ſelon le plan de l'Equinoxial & ſelon ceux des orbes de Mercure, & de Venus juſqu'à l'orbe de la lune, de la matiere d'une ſubtilité mediocre, capable de faire une réflexion ou réfraction particuliere de ſes rayons, en ſorte qu'elle nous fiſt l'apparence de cette lumiere.

Pour repreſenter ſa longueur qui s'étend à deux ſignes, ou à deux ſignes & demi de coſté & d'autre du ſoleil, il ſuffit qu'elle arrive à l'eſpace qui eſt entre l'orbe de Venus & l'orbe annuel de la terre & de la lune, mais plus prés de l'orbe annuel que de celuy de Venus; & pour repreſenter toute ſa largeur que nous avons veû approcher quelquefois de 30. degrez, & qui doit eſtre plus grande proche du ſoleil, il ſuffit qu'elle ſoit dans un plan incliné à peu prés comme celuy de l'Equateur du ſoleil ou un peu moins, la perſpective diminuant beaucoup moins ſa largeur dans la partie plus proche de la terre, que dans la plus éloignée. Il ſuffiroit auſſi qu'elle fuſt diſperſée dans la ſurface ſpherique de l'orbe de Venus prolongé vers l'orbe annuel autant qu'il faut pour repreſenter ſa longueur : mais la premiere de ces deux hypotheſes ſemble plus probable, parce qu'elle eſt plus déterminée, & parce qu'elle a l'exemple de l'anneau de Saturne qui faiſoit à Galilei & à d'autres l'apparence de deux corps ou de deux ſatellites placez de coſté & d'autre de cette planette.

Des variations & inégalitez de cette lumiere.

XXII. Si la matiere qui eſt le ſujet de cette lumiere eſt de la meſme nature que celle qui forme les facules & les taches du ſoleil, elle doit eſtre ſujette aux meſmes variations & irrégularitez. Et premierement, comme ces phenomenes ne ſe voyent pas toûjours dans le ſoleil, mais plus en un temps qu'en un autre, de ſorte que quand on commença de les découvrir par les lunettes on y en trouvoit preſque toûjours, & enſuite on n'en vit plus que rarement, & que preſentement il ſe paſſe pluſieurs années ſans qu'on en découvre : de meſme cette lumiere peut paroiſtre plus en un temps qu'en un autre, & eſtre long-temps inviſible, n'y ayant peut-eſtre pas toûjours aſſez de matiere propre pour nous reſlechir autant de lumiere qu'il ſuffit pour la rendre perceptible à nos yeux à une ſi grande diſtance, & la meſme quantité de matiere n'ayant pas toûjours la diſpoſition propre pour la reflechir. Car on ne peut pas aſſeûrer qu'il n'y en ait point du tout, quand il n'en paroiſt pas, & il peut y en avoir quelquefois qui ne ſoit pas en une diſpoſition propre pour nous reflechir immediatement les rayons du ſoleil ſans l'entremiſe d'une comete, comme nous avons dit dans le traité de celle de 1680. qui nous donna l'idée d'une matiere de cette nature diſpoſée dans l'ether, & fut cauſe qu'en cherchant ſi on n'en pourroit pas découvrir en d'autres temps, nous fiſmes une réflexion particuliere à cette lumiere la premiere fois qu'elle fut apperceüe, & nous la reconnuſmes pour un objet celeſte qui meritoit d'eſtre obſervé avec une attention particuliere.

Secondement, comme les cercles du mouvement des taches & des facules du ſoleil déclinent le plus ſouvent de l'écliptique de 7. degrez; & que néanmoins, comme témoignent les obſervations exactes de Scheiner, quelquefois il ſemble que cette déclinaiſon varie de quelques degrez : il faut avoüer auſſi que la déclinaiſon du plan dans laquelle nous ſuppoſons cette matiere diſperſée, laquelle déclinaiſon eſt conforme à peu prés à celle de l'Equateur du ſoleil, ſemble varier differemment, quoy-qu'on puiſſe ſouvent attribuër cette variation apparente ou en tout, ou en partie, à la grande difficulté de déterminer ſes bornes où elle ſe perd inſenſiblement, & à la diverſe diſpoſition de l'air quelquefois plus pur d'un coſté que de l'autre ; ou à la proximité de quelques étoiles dont la lu-

miere ordinaire se confond avec cette extraordinaire; & à plusieurs autres causes accidentelles.

Troisiémement, comme dans les poles des cercles décrits par les facules & par
les taches du soleil qui se rapportent ordinairement à la premiere partie des Gemeaux & du Sagittaire, on trouve quelquefois, comme dit Scheiner, des extra-
vagances & des exorbitances; il ne faut pas s'étonner si on en trouve aussi dans
les poles du plan dans lequel nous supposons dispersée la matiere qui est le sujet
de cette lumiere, laquelle peut aussi recevoir quelque détermination particuliere par la rencontre de l'orbe de la lune, & de la distance de la lune & de Venus à
la ligne qui va au soleil, & peut faire des differences tres-difficiles à régler.

Diverses regles de la proportion des distances des objets celestes aux vistesses de leur mouvement.

XXIII. Nous avons dit dans le Journal que les Astronomes modernes ont
trouvé que l'ordre des planettes superieures est tel qu'il avoit esté établi par les
Anciens sur des principes differens. Comme ces mesmes principes peuvent aussi
servir à établir la situation de nostre phenomene, & sa mobilité ou immobilité
réelle, il ne sera pas inutile de les considerer en particulier.

La regle des Anciens, de mettre plus proche de la terre les objets du ciel dont
la vistesse du mouvement propre est plus grande, ne semble avoir esté établie
par d'autres observations indubitables que par celles de la lune dont la vitesse du
mouvement apparent dans le zodiaque est sans contredit beaucoup plus grande que celle des autres planettes, qui sans doute sont plus éloignées de la terre
que la lune : car dans les conjonctions apparentes elle les cache toutes, & jamais
on n'en a veü aucune dans son disque apparent. Outre que la parallaxe de la lune
est tres-évidente, particulierement dans les éclipses du soleil & des étoiles qu'elle cache à certains lieux de la terre sans les cacher en mesme temps à certains
autres, le diamétre de la terre estant assez grand à proportion de la distance de la
lune à la terre; ce qui ne se verifie pas si évidemment des autres planettes dont la
parallaxe est si petite, que plus les observations faites pour la découvrir sont exactes, moins elle est sensible; tout ce que les auteurs des institutions astronomiques ont dit de la difference de leurs parallaxes & de la longueur de leurs om-
bres à la mesme hauteur veritable sur l'horison, estant presqu'impossible à observer, & par consequent cette difference estant plus fondée sur les hypotheses que
sur les observations. L'évidence que les Anciens eûrent, que la planette dont le
mouvement propre est plus viste que celuy des autres est aussi la plus proche de
la terre, leur a donc suffi pour établir cette régle : qu'une planette plus viste que
l'autre est toûjours plus proche. Ils croyoient mesme en certains temps que
tous les mouvemens particuliers des planettes eussent la mesme vistesse réelle,
& que celles qui sont plus éloignées ne mettent plus de temps à faire leurs révolutions que parce que leurs cercles sont plus grands. Ils supposoient aussi du
commencement, que si le mouvement particulier d'une mesme planette paroist
plus viste en un temps qu'en un autre, ce n'est qu'une apparence causée par la
diversité de la distance en s'éloignant ou s'approchant du centre; d'où il arrive
que des espaces égaux parcourus en des temps égaux nous semblent inégaux.
Sur ces principes ils placerent la lune, le soleil, & les trois planettes superieures
à l'égard de la terre, selon l'ordre entre elles qu'on leur donne presentement.
Ils placerent aussi Venus & Mercure dans l'espace qui est entre les planettes superieures & la lune : mais ils varierent dans la situation qu'ils leur donnérent à
l'égard du soleil. La cause de cette diversité fut, parce que ces deux planettes
parcourent le zodiaque par un mouvement annuel comme le soleil, quoy-qu'el-

les n'achevent pas leurs révolutions en mesme temps , mais tantost plus tost tantost plus tard, ayant chacune une inégalité particuliere par laquelle tantost elles se joignent au soleil, tantost elles s'en éloignent, tantost du costé d'Orient, tantost du costé d'Occident : Mercure s'en éloignant jusqu'à la distance de 28. degrez par une periode de cette inégalité qu'il acheve en moins de quatre mois, & Venus jusqu'à 45. degrez par une periode d'inégalité qu'elle n'acheve qu'a- prés 19. mois. Ils expliquerent cette inégalité par des épicycles inégaux, dont les centres sont dans la ligne qui va au soleil, & sont transportez avec luy d'un mou- vement annuel par le zodiaque, pendant que ces planettes parcourent leurs circonferences. Et puis que Mercure acheve sa révolution par son épicycle plus- tost que Venus par le sien, quelques-uns jugerent que par cette raison il de- voit estre plus proche de la terre que Venus ; & que l'un & l'autre ayant deux mouvemens, l'un annuel, l'autre propre, ils devoient estre plus proche que le soleil, qui n'en a qu'un seul. Et cette hypothese a esté suivie par les Ptolemaï- ciens, mais par un autre motif qui fut de mettre le soleil au milieu entre les planettes qui ne s'éloignent de luy que jusqu'à une certaine distance, & celles qui s'en éloignent à toute sorte de distance. Mais d'autres considerant que le soleil va par le zodiaque par un mouvement toûjours direct d'Occident en Orient, comme la lune, & que Mercure & Venus parcourent le mesme cer- cle tantost par un mouvement direct , tantost par un mouvement retrogra- de comme les planettes superieures, mirent le soleil immediatement au des- sous des planettes superieures, pour ne pas séparer les planettes qui par la ressemblance de leur mouvement, & mesme par l'égalité de la grandeur ap- parente , & de la proportion de leur lumiere, semblent estre de la mesme na- ture.

D'autres enfin considerant que les centres des épicycles de Mercure & de Ve- nus sont toûjours dans la ligne du soleil, & ont le mesme mouvement annuel, ju- gerent que ces centres devoient concourir avec le centre mesme du soleil, par le mesme principe qu'ils avoient établi, que les objets qui ont des mouvemens égaux, sont à une distance égale. Ce fut l'hypothese de plusieurs Pythagori- ciens suivie de Ciceron, de Martianus Capella , & de plusieurs autres anciens, qui se verifie dans les deux célébres sistemes de Copernic & de Tycho , & qui a esté confirmée par les observations faites avec la lunette, qui montre que les phases de ces deux planettes, qui sont d'elles-mesmes opaques & reçoivent la lumiere du soleil, se varient selon la disposition à l'égard du soleil & de la terre, qui résulte de cette hypothese.

Comme cette lumiere suit le mouvement annuel du soleil , & que son extré- mité s'éloigne de cét astre un peu plus que Venus : selon les fondemens de toutes ces hypotheses, elle devoit estre placée prés de l'orbe de Venus ; & particulie- rement selon ceux de la troisiéme hypothese confirmée par ces observations modernes, elle devroit estre concentrique au soleil comme le sont les orbes de Venus & de Mercure.

Les mesmes regles selon les nouvelles découvertes.

XXIV. Il y eut donc parmi les Anciens, des astronomes qui connurent que ce n'est pas seulement la terre qui est le centre du mouvement régulier des planet- tes, mais que la terre l'est à l'égard de quelques-unes, & le soleil l'est à l'égard de quelques autres ; ce que les observations & les hypotheses modernes ont rendu indubitable. Tycho dispose autour de la terre les mouvemens particuliers du so- leil & de la lune, & il dispose celuy des autres cinq planettes autour du soleil. Co- pernic ne dispose autour de la terre que le mouvement de la lune; & faisant le soleil

leil immobile, il fait mouvoir autour de luy la terre & les cinq autres planettes.

Les observations qui ont esté depuis faites par la lunette, ont fait connoistre que Jupiter est aussi le centre du mouvement des quatre Satellites qui furent découverts par Galilei ; & que Saturne est aussi le centre de cinq Satellites dont un a esté découvert par M. Huguens, & quatre autres par nous-mesmes. Selon ces découvertes la proportion des distances des planettes à leur vistesse apparente ne doit pas estre considerée toûjours à l'égard de la terre, mais à l'égard du centre auquel leur mouvement se rapporte principalement. Les Anciens qui n'ont pas fait cette distinction, n'ont bien rencontré dans l'ordre des planettes superieures que parce que les cercles de leurs mouvemens propres, qui regardent principalement le soleil, comprennent aussi la terre.

Aprés avoir donc réduit le mouvement des planettes à leur propre centre, qui est un astre ou un autre corps à l'égard duquel elles varient moins de distance qu'à l'égard de tout autre, nous avons établi diverses regles pour trouver les proportions des distances à leur centre par celles des vistesses apparentes du mesme centre.

La premiere est qu'une planette dont le mouvement régulier paroist plus viste en un temps qu'en un autre, est plus proche de ce centre lors qu'elle paroist plus viste. La seconde est que la proportion des vistesses apparentes de la mesme planette, qui consiste dans la proportion des angles qu'elle fait au mesme centre en temps égaux, n'est pas simplement réciproque des distances, comme elle le seroit si l'inégalité du mouvement n'estoit qu'une apparence causée par la difference des distances, ainsi que les Anciens supposoient, croyant que le mouvement d'une mesme planette estoit en soy-mesme toûjours égal, & n'estoit inégal qu'en apparence ; mais dans la mesme planette cette proportion des vistesses apparentes est doublée de celle des distances reciproques. C'est pourquoy ayant deux vistesses apparentes d'une mesme planette en des temps differens ; pour trouver par leur moyen la proportion des distances en ces deux temps, il faut prendre la moyenne proportionnelle entre ces deux vistesses. Car comme la plus petite vistesse apparente est à cette moyenne proportionnelle ; ainsi la plus petite distance à laquelle convient la plus grande vistesse, est à la distance plus grande, à laquelle convient la moindre vistesse.

Comme si nous supposons que Mercure estant plus proche du soleil fasse à l'égard du soleil 18. secondes de mouvement apparent en une minute, & que lors qu'il en est plus éloigné il n'en fasse que 8. prenant le nombre moyen proportionnel entre 18. & 8. qui est 12. la plus petite distance de Mercure au soleil sera à la plus grande distance comme 8. à 12. & en cette raison la moyenne distance sera 10. l'excentricité 2. Cette regle s'observe aussi à l'égard des distances variables des centres des épyciles des trois planettes superieures, & de Venus à l'égard de la terre, dans l'hypothese de Ptolemée auquel nous devons cette belle & importante découverte qui a esté appliquée d'une autre maniere par Kepler & par d'autres modernes au mouvement des planettes principales autour du soleil & de la lune autour de la terre. Nous l'avons demontré particulierement dans le soleil, dont l'inégalité du mouvement apparent dans un intervalle de temps est aussi doublée de la variation apparente de son diametre, laquelle est réciproque des distances.

La troisiéme regle regarde les distances & les vistesses de deux planettes qui se meuvent autour du mesme centre. L'experience montre que pour trouver la proportion de leurs vistesses à leurs distances, il ne faut pas prendre la moyenne proportionnelle entre les deux vistesses, comme dans une seule planette, mais qu'il faut prendre deux moyennes proportionnelles ; & que comme la plus petite vistesse est à la troisiéme de ces quatre proportionnelles, ainsi la plus petite distance est à la plus grande : ce qui revient à la regle observée par Kepler.

F

Comme si nous supposons que Mercure fasse 125. révolutions autour du soleil, pendant que Saturne en fait une; prenant deux moyennes proportionnelles entre 1. & 125. qui sont 5. & 25. comme 1. est à 25. ainsi la distance de Mercure au soleil sera à la distance de Saturne au soleil.

Nous trouvons les mesmes regles de proportion entre les distances & les vitesses des quatre satellites de Jupiter à l'égard de son centre, & entre les distances & les vitesses des cinq satellites de Saturne à l'égard du sien. Il seroit de la perfection de l'hypothese de Tycho que cette regle de proportion s'observast entre les distances & les vitesses du soleil & de la lune à l'égard du centre de la terre, qui selon cette hypothese est aussi le centre du mouvement de ces deux grands astres. Ainsi puisque la lune fait sa révolution autour de la terre par le zodiaque en 27. jours & un tiers, & que le soleil selon cette hypothese fait la sienne autour de la terre en trois cens soixante-cinq jours & un quart, ayant pris deux moyennes proportionnelles entre $27\frac{1}{3}$ & $365\frac{1}{4}$, qui sont au plus prés la premiere 65, & la seconde 154. il faudroit que comme $27\frac{1}{3}$ est à 154. c'est à dire comme 1 à $5\frac{1}{3}$, ainsi la distance de la lune à la terre fust à la distance du soleil à la terre. Mais la distance de la lune à la terre est selon Tycho à la distance du soleil à la terre comme 1. à 20. la parallaxe du soleil selon cét astronome estant de trois minutes, & celle de la lune dans sa moyenne distance, environ de 60. minutes : donc cette regle de proportion ne s'observe pas entre le soleil & la lune à l'égard de la terre dans le systeme de Tycho ; quoy-que dans le mesme systeme elle s'observe non seulement entre toutes les autres planettes à l'égard du soleil, mais aussi entre les satellites de Jupiter à l'égard du centre de Jupiter, & entre les satellites de Saturne à l'égard du centre de Saturne. Au contraire, dans le mesme systeme de Tycho la vitesse du mouvement annuel du soleil & sa distance à la terre observent la mesme regle de proportion entre les vitesses des cinq planettes qui se meuvent autour du soleil, & leurs distances au soleil mesme, comme si ce mouvement annuel estoit dela terre autour du soleil, de mesme que ceux des autres cinq planettes, & n'estoit pas du soleil autour de la terre comme est celuy de la lune, ainsi que Tycho suppose.

Il n'est pas possible de redresser ce systeme en cét article, sans s'éloigner des observations évidentes. Car la parallaxe du soleil estant supposée de 3. minutes, il faudroit que celle de la lune ne fust que de 17. minutes ; ce qui est évidemment contraire aux observations qui la trouvent d'un degré : ou bien la parallaxe de la lune estant supposée de 60. minutes, il faudroit que celle du soleil fust de plus d'11. minutes ; ce qui est évidemment contraire à toutes les observations & particulierement aux modernes, qui ne donnent pas plus de dix secondes de parallaxe du soleil.

La quatriéme regle est que la proportion des vitesses apparentes des planettes à diverses distances de leurs centres est composée de celle de leurs vitesses réelles, qui sont comme les espaces parcourus en temps égaux, & de la proportion réciproque des distances, dont les plus grandes font paroistre les mesmes espaces plus petits, & les plus petites les font paroistre plus grands. Ayant donc osté de la proportion des vitesses apparentes celle des distances réciproques, la difference qui reste est la proportion des vitesses veritables.

Donc puisque par la seconde regle les vitesses apparentes d'une mesme planette placée en divers temps à diverses distances du centre de son mouvement sont en raison doublée des distances mesmes ; ayant osté de la proportion doublée des distances la proportion simple des mesmes distances, reste la proportion simple des distances égale à celles des vitesses veritables prises réciproquement, la plus grande pour la plus petite distance, & la plus petite pour la plus grande distance de la mesme planette.

La cinquiéme regle sera donc que les vitesses réelles de la mesme planette placée dans divers temps en diverses distances, sont en raison réciproque des distances mesmes. Et puis que par la troisiéme regle la proportion des vistesses apparentes de diverses planettes est plus grande que la proportion des distances réciproques de la moitié de cette proportion; en ayant osté la proportion réciproque des distances, il ne reste que la moitié de cette proportion pour celle des vistesses réelles de deux differentes planettes. Ainsi reprenant le mesme exemple de Saturne & de Mercure, si nous supposons que leurs vistesses apparentes tirées du nombre de leurs révolutions faites en mesme temps sont comme 1. à 125. & que les distances de Mercure & de Saturne au soleil soient comme 1. à 25. ayant osté cette proportion de celle de 1. à 125. reste la proportion de la vistesse réelle de Saturne à celle de Mercure comme 1. à 5. moitié de la proportion de la distance de Mercure à celle de Saturne 1. à 25.

La sixiéme regle sera donc que la proportion des vistesses réelles de diverses planettes à l'égard du commun centre de leur mouvement est la moitié de celle de leurs distances prises réciproquement.

Que si nous concevons que la planette plus viste & plus proche du soleil continuë de s'éloigner jusqu'à la distance de la plus tardive & plus éloignée, de sorte qu'en s'éloignant, sa vistesse continuë de diminuer en proportion réciproque des distances, comme elle fait presentement dans le peu d'espace qu'elle s'en éloigne selon la seconde regle; la planette inferieure qui n'est plus viste que la superieure que de la moitié de cette proportion, non seulement perdra cét avantage de la plus grande vistesse, mais elle deviendra d'autant plus tardive qu'elle estoit plus viste à l'égard de la superieure. Ainsi Mercure estant presentement 5. fois plus viste que Saturne, sa vistesse réelle se réduisant à la 25. partie, pendant qu'il monteroit à la distance de Saturne 25. fois plus éloigné que luy, elle ne seroit à celle de Saturne que comme 1. à 5. D'où nous pouvons tirer cette consequence que le mouvement d'une planette inferieure élevée à la distance de la superieure par sa vistesse qui diminuast comme elle fait presentement à diverses distances, seroit plus lent que celuy de la planette qui est presentement superieure, & que les distances que les planettes ont presentement sont en raison doublée de celle des vistesses réelles qu'elles auroient, quand l'inferieure seroit parvenuë à la mesme distance de la superieure.

Maintenant si nous concevons que les planettes qui font leur mouvement autour du soleil soient parties du soleil mesme, avec la proportion des vistesses primitives qui soit égale à celle des vistesses diminuées qu'elles auroient si les inferieures venoient toutes à la mesme distance des superieures par leurs differentes vistesses diminuées par cette regle; nous trouverons que les distances qu'elles ont presentement, ont le mesme rapport à leurs vistesses primitives, que les plus grandes élevations des poids jettez verticalement par des differens degrez de vistesses ont à celles qu'elles ont eûës à leur départ. D'où l'on pourroit conjecturer, autant qu'il est permis dans les choses physiques, que les planettes se sont arrestées aux distances du soleil qu'elles ont aquises par une espece d'impulsion qu'elles ont esté capables de recevoir differemment: ce qui feroit croire que dans le soleil il y a une grande force de jetter les corps capables d'en estre poussez differemment & à diverses distances, ausquelles ils demeurent avec quelque peu de variation, & pourroit servir à expliquer comment les parties de la matiere qui est le sujet de nostre lumiere peuvent estre jettées par le soleil bien loin à diverses distances, où elles peuvent s'arrester & varier un peu, comme font les planettes qui font tantost un peu plus tantost un peu moins éloignées du soleil; & comme fait aussi nostre lumiere en divers temps, quoy-que cela puisse aussi estre attribué à des causes accidentelles.

Il ne faut pas trouver étrange si je suis allé un peu loin pour former l'idée d'une force dans le soleil capable de jetter diverses parties de la matiere de noftre lumiere à diverses diftances aufquelles elles demeurent avec quelque peu de variation.

Proportion des viftesses autour des axes avec celles des révolutions des planettes.

XXV. Le foleil & les autres aftres qui tournent autour de leurs axes propres, font à la verité leurs révolutions en un moindre efpace de temps que les planettes qui l'environnent. Ainfi le foleil, qui autant que nous en pouvons juger par le mouvement de fes taches, tourne à l'égard de l'apparence faite à la terre en vingt-fept jours, mais à l'égard des étoiles fixes en vingt-cinq jours, acheve fa révolution plus vifte que Mercure, qui ne tourne autour de luy qu'en quatre-vingts-huit jours : la terre, qui, felon l'hypothefe de Copernic, tourne en un jour, acheve la fienne bien plus vifte que la lune, qui parcourt le zodiaque en vingt-fept jours : Et Jupiter qui tourne en moins de dix heures, acheve la fienne plus vifte que le premier fatellite qui tourne en un jour & dix-huit heures & demie. Mais la viteffe du foleil autour de fon axe, comparée à celle du mouvement des planettes, eft beaucoup moindre qu'en proportion réciproque des diftances; & par confequent la viteffe réelle de la circonference du foleil mefme fous fon Equateur eft beaucoup moindre que celle des planettes qui l'environnent. Mercure dans la moyenne diftance eft éloigné du foleil de quatre-vingts-trois, demi-diametres du foleil; & comme il fait fa révolution en quatre-vingts-huit jours, le foleil devroit faire la fienne en un jour : ou bien le foleil faifant la fienne en vingt-cinq jours, Mercure ne devroit faire la fienne qu'en 2075. jours, fi la viteffe réelle n'eftoit pas plus grande que celle de l'Equateur du foleil. Saturne mefme qui eft la planette la plus élevée & la plus tardive, eft éloigné du foleil de deux mille demi-diametres du foleil, & devroit faire fa révolution en cinquante mille jours pour n'eftre pas plus vifte que l'Equateur du foleil : cependant il la fait en moins d'onze mille jours. La mefme chofe s'obferve à l'égard des autres grands corps, qui tournent autour de leurs axes, & des planettes qui tournent autour d'eux. La terre, felon Copernic, tourne autour de fon axe en un jour moins quatre minutes; & par confequent la lune, qui eftant éloignée de la terre de cinquante-neuf demi-diametres fait fa révolution en vingt-fept jours, la devroit faire en cinquante-neuf jours, fi fa viteffe réelle n'eftoit pas plus grande que celle de l'Equinoxial de la terre.

Jupiter, felon nos découvertes, tourne autour de fon axe en dix heures moins quatre minutes. Le premier fatellite de Jupiter qui eft éloigné de fon centre de cinq demi-diametres de Jupiter, fait fa révolution autour de luy en quarante-deux heures & demie : il la devroit faire en cinquante-cinq heures, fi fa viteffe réelle n'eftoit plus grande que celle de l'Equinoxial de Jupiter. La mefme chofe fe verifie à l'égard du fecond fatellite, mais non pas à l'égard du troifiéme & du quatriéme. Il femble d'abord que cette lenteur de l'Equinoxial des globes qui tournent autour de leurs axes eftant plus grande que celle des planettes qui les environnent, ne s'accorde pas trop bien à l'hypothefe commune, que le mouvement des planettes qui font leurs mouvemens particuliers autour d'un aftre qui tourne autour de foy-mefme, eft caufée par la révolution de cét aftre : laquelle hypothefe paroift d'autant plus plaufible que Kepler qui en eft l'auteur, avança fur ce fondement que le foleil tourne autour de fon axe, & le publia quelque temps avant les obfervations faites par la lunette, par lefquelles on a découvert les taches du foleil, & leur mouvement qui nous fait connoiftre celuy du foleil mefme : il eft vray qu'il jugea que cette révolution fe devoit faire en trois jours, au lieu qu'elle ne fe fait

point

point en moins de vingt-cinq jours. Cela feroit capable de nous faire juger que fi la révolution des planettes autour du foleil, & la révolution du foleil autour de fon axe dépendent du mefme principe qui foit dans le foleil, ce principe trouve beaucoup plus de réfiftance dans le globe mefme du foleil, que dans ceux des autres planettes, qui d'ailleurs fe ralentiffent à proportion qu'elles s'éloignent du foleil, d'où ce principe mouvant ne doit pas eftre éloigné.

De la mefme maniere on pourroit dire que le principe qui fait mouvoir la terre & noftre atmofphere, laquelle tient à la terre comme à fon aimant, trouve plus de réfiftance dans la terre & dans l'air, que dans la lune ; & la mefme chofe à proportion fe peut dire de ce qui fait mouvoir Jupiter & Saturne autour de leurs axes, & les fatellites qui les environnent.

Cette diverfe réfiftance de diverfes planettes à la mefme impulfion, & leur diverfe difpofition à la recevoir plus d'un fens que de l'autre, pourroit eftre auffi la caufe ou totale ou partiale, pour laquelle les planettes ne fe meuvent pas précifément par le plan de l'Equateur du foleil, ni la lune felon le plan de l'Equateur de la terre ; mais par des plans qui s'entrecoupent en differens endroits du ciel. Quoy-que Kepler dans la fin de fon Epitome confeffe que ces déclinaifons & ces nœuds & leurs variations ne fe peuvent fçavoir prefentement avec affez d'éxactitude ; néanmoins il ne laiffe pas de les donner dans fes Tables comme il s'enfuit.

Inclinaifons des orbites des Planettes à l'écliptique.				*Nœuds afcendans en 1700.*		
☿	6d	54'		♉	14d	47'
♀	3.	22		♊	14	19
♂	1.	50 ⅓		♉	17	51
♃	1.	19 ⅓		♋	5	31
♄	2.	32		♋	22	49
L'Equateur du foleil 6 ou 7 degrez.				♊	10	ou environ.

D'où il paroift que les déclinaifons des orbes entre eux n'excedent point 7. degrez, & que la diftance des nœuds des diverfes planettes n'eft que de 68. degrez : cette diftance des nœuds, je ne fçay par quelle rencontre, eft à peu prés égale à la diftance de l'extrémité de noftre phenomene au foleil.

Kepler attribuë la caufe de cette déclinaifon des planettes à leurs fibres obliques propres à recevoir diverfement l'impreffion du foleil.

M. Defcartes fe contente de dire que le mouvement des taches du foleil fe doit faire proche de l'écliptique fans prétendre une conformité exacte de ces mouvemens avec ceux des planettes ; quoy-qu'il fuppofe que ces mouvemens tirent leur origine du mefme principe.

Cette exactitude dans la conformité des plans des diverfes planettes qui tournent autour d'un mefme centre, ne s'obferve pas non plus dans les autres fyftemes particuliers. Les fatellites de Saturne fe meuvent à peu prés fur le plan de fon anneau prolongé jufqu'à leur orbite : de forte qu'il peut eftre pris pour le plan de leur mouvement. Cét anneau, comme il a efté remarqué par M. Huguens qui en a inventé l'hypothefe, eft fi mince & fi plat, que quand il prefente fon tranchant il fe perd entierement de veüë ; ce qui arrive de quinze années en quinze années. Néanmoins la derniere fois qu'il fut preft de difparoiftre, ce qui arriva au mois de Décembre 1671. il parut d'une maniere qui nous fit juger qu'il avoit un peu de courbure. Car le 8. du mefme mois Saturne parut rond, & fans anfes du cofté d'Occident, pendant qu'on voyoit encore un refte d'anfe du cofté d'Orient : &

G

huit jours aprés (qui fut la premiere fois que nous les pûsmes voir aprés l'observation précedente) il n'y restoit plus aucun vestige d'anse.

Les quatre satellites qui sont plus proches de Saturne, décrivent par leur mouvement apparent des ellipses semblables & concentriques à celle de l'anneau, sans qu'on y ait encore trouvé aucune difference. Mais il est évident que le cinquiéme qui est le plus éloigné, & qui fait sa révolution en 80. jours, en décline de plusieurs degrez, comme je l'observay du commencement, & comme je l'ay confirmé dans la suite. Les satellites de Jupiter se meuvent autour de luy selon la longueur de ses bandes, qui peuvent aussi estre prises pour la regle de leur direction : cependant il y a des observations tres-constantes faites en certaines rencontres, qui font connoistre évidemment que le cercle du second satellite de Jupiter décline un peu de ceux des trois autres satellites : mais parce que la quantité de cette déclinaison n'est pas assez connuë, on ne laisse pas dans l'usage, comme dans la description de leurs configurations & des éclipses, de le supposer dans le plan des autres, de peur de s'éloigner plus de la verité, en luy donnant une déclinaison déterminée, qu'en le supposant dans le mesme plan. On pourroit bien imaginer quelque autre cause de ces irrégularitez ; mais il est difficile d'en trouver une plus vraysemblable : on pourroit par exemple dire que le soleil & les autres astres qui en tournant, en font mouvoir d'autres, ont la pluspart de leurs pores perpendiculaires à l'axe de leur révolution, & que de ces pores il sort des exhalaisons qui continuent d'elles-mesmes leurs mouvemens par le plan de l'Equinoxial & des paralleles : qu'ils ont outre cela d'autres pores obliques par lesquels les exhalaisons sortant continuent toutes seules leur mouvement par une surface conique ; mais que venant à se mesler & à se choquer avec celles qui sont portées par le plan de l'Equateur & des paralleles, elles font toutes ensemble un mouvement composé à peu prés semblable au courant d'une riviere, où ce qu'on appelle le fil de l'eau, devroit estre ordinairement dans le milieu, mais il en est détourné de costé & d'autre par les torrens ou par les ruisseaux qui y entrent, & par les diverses réflexions qui se font de costé & d'autre, aussi-bien que par d'autres diverses causes.

Application des causes précedentes à nostre sujet.

XXVI. Il peut donc y avoir des causes semblables qui déterminent la matiere qui sort du soleil, ou qui est agitée par sa révolution autour de son axe, à couler partie sur le plan de l'Equateur mesme du soleil, partie sur les plans des orbites des autres planettes, qui selon les hypotheses modernes s'entrecoupent dans le soleil ; & l'étenduë de nostre lumiere pourroit estre déterminée dans les parties plus proches du soleil par la matiere qui coule selon son Equateur ; & dans les parties plus éloignées par celle qui coule sur les plans des orbites des autres planettes.

Si les orbites de Mercure & de Venus estoient visibles, nous les verrions ordinairement à peu prés de la mesme figure & dans la mesme disposition à l'égard du soleil, & aux mesmes temps de l'année que nous voyons cette lumiere. De sorte que Kepler qui imagine une espece immaterielle du soleil qui fait tourner les planettes s'étendant sur le plan de leurs orbites, auroit facilement jugé à la veüe de cette lumiere (s'il l'avoit observée) que c'est par une espece materielle & visible comme celle que nous voyons presentement, qu'il les tourne & les dirige.

Nous n'avons pas trouvé d'autre moyen de rechercher quelle peut-estre la nature d'un phenomene si extraordinaire, qu'en parcourant les choses qui nous sont d'ailleurs connuës, avec lesquelles il semble avoir quelque rapport, qui sont les seules d'où nous puissions esperer d'en tirer quelque foible connoissance.

Suite des observations de cette lumiere pendant l'année 1 6 8 4.

XXVII. La publication des premieres observations de cette lumiere estoit suffisante pour inciter les Astronomes à observer un phenomene si extraordinaire : mais personne ne l'a fait avec plus d'attention & d'assiduité que M. Fatio de Duillier, qui ayant du génie & de l'application pour l'Astronomie, s'est exercé long-temps à l'Observatoire Royal, où il se trouva au temps de la pluspart des observations que nous avons rapportées cy-dessus. Pour continuer sa correspondance avec nous, il fit faire des instrumens tout semblables à ceux dont nous nous servons ordinairement, avec quelque augmentation de son invention, par lesquels il a fait des observations à Duillier prés de Geneve, qui estant comparées à celles que nous avons faites en mesme temps à l'Observatoire, montrent que ce lieu est plus oriental que Paris de 3. degrez 15. minutes, & plus meridional de 2. degrez 27. minutes.

Il observa cette lumiere le 12. & le 13. de Février 1684. comme il m'apprit par ses lettres ; & il remarqua qu'elle suit le mouvement annuel du Soleil, comme il paroist aussi par nos observations. Je la vis le 19. de Février 1684. sur le Poisson austral, mais par un si petit espace de temps, à cause de l'inconstance de l'air, que ce ne fut pas assez pour en pouvoir déterminer les bornes.

Le 9. de Mars de la mesme année, à 7. heures du soir, j'observay qu'elle s'étendoit sur toute la constellation d'Aries, & qu'elle alloit se perdre insensiblement proche des pleiades.

Le 10. du mesme mois, depuis 7. heures jusqu'à 8. & demie je la vis distinctement. Elle s'étendoit sur toute la constellation d'Aries ; & du costé du Septentrion elle alloit jusqu'au triangle à l'épaule meridionale & à la ceinture d'Andromede : elle touchoit du costé du Midy aux épaules & aux genoux du Taureau, & proche des claires qui sont à la gueule de la Baleine ; & s'étendoit vers les pleiades, où elle finissoit insensiblement. Sa plus grande clarté estoit au costé meridional des deux étoiles qui sont dans les cornes d'Aries.

Je l'observay aussi le 17. de Mars : elle me sembloit au mesme endroit que je l'avois observée le 18. du mesme mois de l'année précedente, & elle paroissoit plustost augmentée que diminuée, & particulierement en largeur.

Observations de cette lumiere faites le matin.

XXVIII. M. Fatio ayant déja commencé de former une hypothese qui luy servoit à connoistre le temps plus favorable pour observer cette lumiere, prévit qu'on la pourroit voir commodément au matin pendant le mois de Septembre : mais comme le temps n'est pas toûjours favorable aux observations, il ne la put voir qu'au mois d'Octobre. Il la vît le 7. de ce mois sur les constellations de l'Ecrevisse & du Lion, un peu plus vers le Septentrion, à l'égard de l'écliptique, que vers le Midy ; ce qui semble s'accorder assez bien à l'hypothese que nous avons cy-dessus expliquée, l'ellipse qui represente l'Equateur du Soleil, déclinant aussi au mois d'Octobre du costé d'Occident vers le Septentrion comme cette lumiere.

Par cette observation M. Fatio estant assuré de la durée de ce phenomene, il continua de prédire qu'on pourroit le voir le matin quand la Lune ne l'empescheroit pas, jusqu'à ce qu'il parust de nouveau le soir. Il me communiqua l'hypothese qu'il avoit conceuë six ou sept mois auparavant. Elle a cela de commun avec ce que j'avois proposé dans le Journal de 1683. qu'il suppose dans l'Ether des particules capables de détourner, & de réflechir la lumiere. Il les dispose tout autour du Soleil comme dans un Zodiaque solide, large, & irrégulier, compris entre deux surfaces courbes & ondoyantes, en sorte qu'elles puissent comprendre dans un moindre espace les orbites des planettes décrites autour du Soleil, placées à diverses distances, & inclinées diversement l'une vers l'autre. Le milieu de l'épaisseur qu'elles enferment est marqué par une surface pareillement courbe & ondoyante, qui passe par les orbites de toutes les planettes, & détermine le milieu de la lumiere. Les particules qui la renvoyent sont comprises dans l'orbe annuel au temps qu'elle paroist. Il leur donne un mouvement par lequel elles vont ou sont portées autour du Soleil par des cercles entiers, avec la mesme force que les planettes mesmes. Il se réservoit pourtant à tracer la surface du milieu par les endroits qui seroient les plus commodes pour rendre raison des apparences de ce phenomene.

Il commença à revoir cette lumiere le soir du 24. Décembre 1684. Sa pointe luy parut sur l'écliptique : mais dans la partie voisine du Soleil il y avoit encore une détermination qui la faisoit paroistre plus du costé du Septentrion. L'incommodité du lieu ne luy permit pas pour lors de verifier si elle ne se voyoit pas le matin & le soir d'un mesme jour, comme il supposoit devoir arriver.

Observations de l'an 1685.

XXIX. Le temps m'a esté favorable pour pouvoir observer ce phenomene le soir & le matin des mesmes jours aux mois de Janvier & de Février de cette année 1685.

Le 5. de Janvier, à 7. heures du soir, cette lumiere occupoit la constellation d'Aquarius, de sorte que sa plus grande clarté estoit comprise entre les étoiles du bras oriental & celles des jambes, & elle s'étendoit par l'eau d'Aquarius, & par le Poisson meridional. Le Ciel s'estant couvert en un instant d'une maniere extraordinaire, il ne me resta pas assez de temps pour déterminer son terme oriental.

Mais

Mais le jour fuivant, à 7. heures du foir, le Ciel s'eftant découvert, j'obfervay cette lumiere fur les mefmes conftellations; & je remarquay qu'elle alloit finir du cofté d'Orient au lien des Poiffons, entre la claire du nœud, & la plus feptentrionale.

Le matin fuivant à 7. heures on voyoit la lumiere étenduë fur le Zodiaque qui arrivoit jufqu'à Mars. Elle me paroiffoit pourtant plus foible que le foir; ce qui m'eft toûjours arrivé jufqu'à prefent quand je l'ay obfervée le matin.

Le 2. Février, à 6. heures & demie, la lumiere frifoit du cofté du Midy la plus boreale de la queuë de la Baleine, & vers le Septentrion l'extrémité de l'aifle de Pegafe & la plus claire du col : elle paffoit entre les deux plus orientales du lien des Poiffons, dont une eft feptentrionale, & l'autre auftrale.

Le 3. Février, à 6. heures & demie du foir, la clarté occidentale fe voyoit comme le jour précedent, fi ce n'eft que la plus claire dans le col de Pegafe paroiffoit enfoncée dans la lumiere, laquelle arrivoit aux étoiles orientales dans le lien des Poiffons. Du cofté du Midy la feptentrionale de la queuë de la Baleine eftoit enfermée auffi dans la clarté, laquelle par confequent paroiffoit plus large que le jour précedent. Sa largeur entre les étoiles de Pegafe & celles de la queuë de la Baleine eftoit environ de 25. degrez.

Le 4. Février, à 6. heures & demie du foir, le terme apparent feptentrional de la lumiere fembloit toucher les étoiles feptentrionales du Poiffon meridional, & le terme meridional touchoit la boréale de la queuë de la Baleine. La clarté fembloit quelque temps aprés s'avancer, & comprendre toutes ces étoiles, s'étendant du cofté du Septentrion jufqu'aux étoiles de l'aifle de Pegafe. Son terme oriental me fembloit eftre encore aux étoiles orientales du lien des Poiffons : mais ceux qui eftoient avec moy jugeoient que la lumiere s'étendoit jufqu'aux Pleïades.

Le matin fuivant, à 5. heures, la clarté s'étendoit fur le Zodiaque jufqu'à la conftellation du Scorpion; mais on la diftinguoit avec peine de la voye de lait, qu'elle traverfoit.

Le 20. Février, à 6. heures trois quarts, on voyoit la clarté occidentale, qui du cofté du Septentrion touchoit la tefte d'Andromede & les deux claires des cornes d'Aries, & du cofté du Midy les deux plus claires de la gueule de la Baleine.

Le 22. Février, à 7. heures, la lumiere occidentale paffoit du cofté du Septentrion le long de l'épaule meridionale d'Andromede : la tefte d'Andromede en eftoit un peu éloignée vers le Septentrion. Elle frifoit auffi les deux claires des cornes d'Aries, & les trois plus claires de la gueule de la Baleine, où elle eftoit plus foible ; & elle fembloit s'étendre jufques aux Pleïades.

Le 23. Février, elle touchoit encore l'épaule meridionale d'Andromede,

H

les deux des cornes d'Aries, la plus septentrionale des trois claires qui sont dans la gueule de la Baleine ; & sembloit s'étendre jusqu'aux Pleïades.

Le 25. Février, à 7. heures, la lumiere occidentale du costé du Septentrion comprenoit l'aisle de Pegase, & alloit foiblement jusqu'à la teste d'Andromede. Elle touchoit les deux des cornes d'Aries, & passoit un peu au-delà des Pleïades. Du costé du Midy elle s'étendoit jusqu'à la plus septentrionale des trois claires qui sont à la gueule de la Baleine. On voyoit en mesme temps la nouvelle étoile dans le col de la Baleine, aussi grande que la plus proche des trois claires.

Le 27. Février, le terme septentrional de la lumiere passoit par l'espace qui est entre la teste d'Andromede & l'extrémité de l'aisle de Pegase, par la premiere d'Aries & au-delà des Pleïades, jusqu'au col du Taureau. Du costé du Midy elle touchoit la plus septentrionale des trois claires de la gueule de la Baleine, & celles qui sont dans la cuisse du Taureau.

Le premier Mars estant à Versailles dans la place du Chasteau, & en suite dans l'appartement de Monseigneur le Duc du Mayne, nous vismes cette lumiere. Elle paroissoit alors dans sa plus grande étenduë, parce que le signe d'Aries estant à l'Occident, celuy de Cancer estoit au milieu du Ciel ; & ainsi la situation du Zodiaque à l'égard de l'horizon estoit la plus droite qu'elle puisse estre : ce qui faisoit paroistre cette lumiere fort étenduë en longueur, car elle comprenoit le Poisson meridional, tout le signe d'Aries, & celuy du Taureau jusqu'au-delà des Pleïades.

La nouvelle étoile dans le col de la Baleine estoit trop prés de l'horizon pour pouvoir estre distinguée.

Le 3. de Mars, à 8. heures du soir, la lumiere s'étendoit en longueur jusqu'aux étoiles du col du Taureau : elle enfermoit du costé du Septentrion les deux cornes d'Aries ; & du costé du Midy la plus Septentrionale des trois dans la gueule de la Baléne.

Le 22. de Mars, à 7. heures 50. minutes, la lumiere s'étendoit jusqu'à la teste du Taureau, où elle se perdoit insensiblement. Du costé du Septentrion elle comprenoit les trois plus luisantes d'Aries, & du costé du Midy elle rasoit Menkar, & les étoiles de l'épaule du Taureau.

Le 27. de Mars, à la mesme heure, les trois plus luisantes d'Aries estoient enfermées dans la clarté, qui comprenoit aussi les Pleïades, & sembloit finir aux étoiles du col du Taureau. A 9. heures elle s'étendoit jusqu'au front du Taureau.

Le 31. de Mars la lumiere comprenoit tout le Triangle, & approchoit du pied Méridional de Persée. Elle comprenoit les Pleïades, & les trois plus Septentrionales des Hyades, & s'étendoit jusqu'au sommet de la teste du Taureau.

Le 1. d'Avril, à 8. heures & demie, elle avoit les mesmes bornes du costé du Septentrion & du Midy que le jour précedent. Elle se terminoit au sommet de la teste du Taureau à l'endroit qui fait un triangle équilateral avec les deux cornes.

Le 3. d'Avril, à 9. heures, les Pleïades estoient au milieu de la largeur de la lumiere, qui estoit mieux terminée du costé du Midy que du costé du Septentrion, où elle s'étendoit presque jusqu'au pied meridional de Persée. Elle sembloit finir prés de la corne meridionale du Taureau, qu'elle laissoit du costé du Midy.

Le 21. d'Avril, à 9. heures du soir, le ciel estant fort serein la clarté comprenoit du costé du Septentrion, le pied & la jambe australe de Persée, & le pied boreale avec le genou australe d'Auriga. Elle traversoit la voye de lait, & alloit finir à l'étoile dans l'épaule du précedent des Jumeaux, laquelle fait un triangle équilateral avec les deux testes. Sa partie meridionale comprenoit l'œil boreal du Taureau, & laissoit à costé l'œil austral. Son extrémité meridionale passoit entre les deux cornes du Taureau, laissant la corne australe du costé du Midy. Elle déclinoit donc évidemment de l'Ecliptique vers le Septentrion, comme elle avoit fait vers la fin d'Avril de l'année 1683. qui est la circonstance principale qui me fit penser à l'hypothese de la situation de cette lumiere selon un plan qui convienne à peu prés avec celuy de l'Equateur du soleil.

Le 23. d'Avril, à 9. heures, je fus surpris de voir cette lumiere encore plus claire & plus étenduë que les jours précedens. Mais la voye de lait, avec laquelle elle se confondoit, y peut avoir eû part. Elle sembloit comprendre la jambe meridionale d'Auriga & son pied Septentrional, & toucher son bras meridional & les deux chevreaux. Elle passoit sur le genou Septentrional du précedent des Jumeaux, & s'étendoit à la poitrine du suivant. Du costé du Midy elle s'étendoit jusqu'à la corne meridionale du Taureau.

Le 24. d'Avril, à la mesme heure, l'étenduë de la lumiere n'estoit pas sensiblement differente de celle du jour précedent.

Mais le 25. d'Avril il s'en falloit beaucoup que la clarté fust si grande & si étenduë que le 24. Elle estoit comprise entre les deux pieds d'Auriga & la corne australe du Taureau, & elle s'étendoit vers les Jumeaux.

Le 25. à 10. heures, la lumiere meslée à la voye de lait, comprenoit les chevreaux, le coude oriental d'Auriga & les deux Jumeaux, & finissoit prés de l'Ecrevice.

Le 1. de May la lumiere commençoit à disparoistre, & elle estoit si mal terminée & si foible que je ne crus pas en pouvoir faire la description. Elle ne sembloit pas passer les Jumeaux, comme elle les passoit dans l'observation précedente.

Le 3. de May la lumiere estoit encore plus foible, & on ne la distinguoit pas évidemment au-delà des Jumeaux, quoy-que la nuit fust tres-obscure, parce que c'estoit au commencement de la nouvelle lune.

Le 4. & le 6. je ne pus rien distinguer de cette lumiere avec assez d'évidence, & il ne me resta pas d'esperance de pouvoir plus la revoir en cette saison.

H ij

Sur la fin de May, lors qu'aprés le crepufcule la lune eftoit encore fous l'horizon, je n'ay pas manqué de regarder avec beaucoup d'attention s'il ne paroiffoit pas quelque veftige de cette lumiere ; & quoy-que je viffe diftinctement les étoiles fur lefquelles fa longueur ordinaire fe devoit étendre, il ne m'en a paru aucune trace.

Ce qui eft affez conforme à l'hypothefe que j'ay prife du commencement de l'étenduë de la matiere qui nous renvoye cette lumiere fur un plan qui s'accorde à peu prés avec celuy de l'Equateur du foleil, car c'eftoit le temps auquel felon cette hypothefe la lumiere devoit difparoiftre à caufe que ce plan eftoit alors dreffé à la terre, & fe prefentoit fuivant la perfpective fans largeur fenfible, comme l'anneau de Saturne difparoift entierement quand il fe prefente de la mefme maniere.

Il ne faut pas néanmoins prétendre réduire les apparences de cette lumiere a une regle auffi exacte que l'anneau de Saturne, parce qu'il s'en faut beaucoup qu'elle foit fi bien terminée, & qu'elle ait autant de confiftance ; eftant affez évident par les diférences accidentelles qu'elle fait paroiftre d'un jour à l'autre, qu'elle reçoit des variations réelles, outre celles qui viennent des caufes externes, comme des divers degrez de la clarté de l'air, & du concours de la lumiere des aftres, & mefme de la difpofition des yeux de l'obfervateur.

C'eft pourquoy il nous fuffit d'avoir donné une idée générale de l'étenduë de cette lumiere fans defcendre au détail de la variation des apparences particulieres d'un jour à l'autre, les obfervations rapportées jufqu'à prefent faifant affez connoiftre qu'il eft impoffible de déterminer ces variations avec toutes leurs circonftances.

Diverfes obfervations d'où l'on peut inferer que cette lumiere n'a pas toûjours efté vifible.

XXX. Comme cette lumiere, depuis que nous avons commencé de l'obferver, a toûjours paru aux temps de l'année qu'elle devoit paroiftre, felon la theorie que nous avons indiquée, & que néanmoins elle n'a efté remarquée que de ceux qui ont efté prefens à nos obfervations : il y a fujet de douter fi elle n'auroit pas toûjours efté, bien qu'on ne l'euft pas diftinguée de la lumiere du crepufcule qui finit, quand elle commence de paroiftre. C'eft pourquoy il eft neceffaire d'apporter icy les raifons qui me perfuadent qu'elle n'a pas toûjours efté vifible aux temps de l'année qu'il eft plus facile de la diftinguer, quoy-qu'elle puiffe avoir paru d'autres fois.

Les mois de l'année aufquels cette lumiere eft plus vifible le foir, font ceux de Février, de Mars, & d'Avril, felon les obfervations faites jufques à prefent, & felon la theorie expliquée cy-deffus. Alors, aprés le crepufcule, on voit cette lumiere affez élevée fur l'horizon, & terminée

de

de cofté & d'autre par l'obfcurité du refte du ciel, de forte qu'il eft facile de l'appercevoir lors que l'on obferve des objets qui fe rencontrent dans l'étenduë de cette lumiere. Or à l'endroit du ciel auquel
cette lumiere paroift maintenant, nous avons fait en ces mefmes mois
de diverfes années précedentes plufieurs obfervations, avec une attention particuliere, & nous y avons découvert d'autres objets tres-difficiles à diftinguer. Voicy quelques-unes de ces obfervations.

L'an 1665. aprés le 15. de Février, la comete qui avoit paru depuis le
mois de Décembre précedent eftoit à deux degrez de la premiere étoile
d'Aries vers l'Occident, & elle eftoit fi diminuée qu'on avoit de la peine à la diftinguer fans lunette; ce que j'attribuois non pas à une diminution réelle, mais à fon éloignement, qui felon la theorie fondée fur
les obfervations des mois précedens eftoit dix fois plus grand qu'il n'a-
voit efté à la fin de Décembre: c'eft pourquoy je ne manquay pas de la
fuivre toûjours. Je vis qu'elle ne s'avançoit plus vers l'Occident par fon
mouvement particulier, mais qu'elle alloit vers le Septentrion, & qu'elle
commençoit de fe détourner vers l'Orient, comme je l'avois prédit dés
le commencement à la Reine Chriftine de Suede: ce qui fut auffi obfervé à Paris par M. Auzout, en conferant les obfervations avec les éphe-
merides qu'il avoit dreffées, & à Bologne par M. Montanari.

L'attention avec laquelle nous fuivions la comete, nous fit appercevoir que la premiere étoile d'Aries veûë par la lunette eft compofée de
deux étoiles comme celle qui eft dans la tefte du précedent des Gemeaux
felon l'obfervation que j'en fis quelque temps aprés. Je vis auffi à cette
occafion la nebuleufe de la ceinture d'Andromede, que l'on n'avoit
point apperceûë depuis long-temps. Je fuivis la comete par le moyen
de la lunette jufqu'au 15. de Mars, lors qu'elle eftoit entre la feconde &
la troifiéme d'Aries, comme il paroift par mes obfervations rapportées
dans les cartes du ciel du P. Pardies. C'eftoit le mefme temps de l'année
auquel nous avons depuis veû ces mefmes étoiles d'Aries au bord de cette lumiere, que j'aurois, ce me femble, apperceûë, fi elle avoit efté alors
vifible.

A la fin de Février & au commencement de Mars de l'année 1668.
j'obfervay avec beaucoup d'affiduité l'étoile dans le col de la Baleine,
qui fe perd infenfiblement, & fe renouvelle toutes les années, retour-
nant à la mefme grandeur aprés 330. jours à peu prés, felon la periode
qui avoit premierement efté déterminée par M. Bouïllaud, & que nous
avons depuis limitée par le rapport des obfervations de divers temps. Ce
fut à l'occafion de ces obfervations que je découvris le fentier de la lumiere qui s'étendoit depuis la conftellation de la Baleine jufqu'à celle
de l'Eridan; laquelle lumiere j'ay comparée à noftre phenomene. Il ne
fera pas hors de propos de rapporter icy l'obfervation que je publiay
alors à Bologne en ces termes:

I

Alli dieci di Marzo 1668. mentre questa sera ad un hora di notte io stava attentamente à rimirare il sito della nuova Stella della Balena, che doppo sessantacinque giorni dalla prima nostra osservatione di quest' anno si era gia resa quasi invisibile : ecco à sinistra dalla parte Occidentale verso mezzo giorno una gran strisscia di lume uscire dalle nuvole vicine à l'Horizonte che ricoprivano il ventre della Balena, e stendersi verso l'Oriente longo il fiume Eridano, &c.

Ainsi puisqu'en observant avec beaucoup d'attention la constellation de la Baleine, j'apperceûs la lumiere qui estoit à la gauche dans la partie meridionale du Ciel : si celle qui s'étend sur le Zodiaque, y eust esté alors, je n'aurois pas manqué de l'appercevoir. Elle auroit deû estre en cét endroit, puis que par les observations de cette année 1685. à la fin de Février & au commencement de Mars elle passoit par la teste de la Baleine ; & par l'observation du 10. Mars de l'année précedente son terme meridional estoit proche des claires qui sont à la gueule de la Baleine : ce qui nous fait juger qu'il n'y avoit point de vestige de cette lumiere étenduë sur le Zodiaque l'an 1668. au temps des observations que nous faisions au mois de Février & au commencement de Mars sur la nouvelle étoile de la Baleine qui est proche de ces mesmes étoiles.

L'an 1672. à la fin de Mars j'observay le cours de la comete, qui passa prés du pied meridional de Persée au dessus des Pleiades, & descendit au commencement d'Avril le long de la teste du Taureau, à l'endroit mesme où nostre lumiere s'étendoit aux mesmes mois de ces dernieres années.

Je comparay la comete avec les étoiles prochaines, parmi lesquelles j'en découvris dans le col du Taureau une qui n'est point dans les Cartes ni dans les Catalogues, quoy-qu'elle fust aussi apparente que quatre autres prochaines qui y sont décrites, & j'en remarquay plusieurs autres qui ne sont visibles qu'avec la lunette, comme l'on peut voir dans le Journal de l'11. Avril de la mesme année ; & je ne vis en cét endroit rien de semblable à nostre lumiere.

Aux mois de Février & de Mars de l'année 1681. j'observay avec une attention extraordinaire l'espace du ciel qui est entre le triangle & le pied meridional de Persée, pour découvrir par la lunette la comete qui avoit paru depuis le mois de Décembre, & ne se pouvoit plus distinguer à la veûë simple. Je découvris un grand nombre de petites étoiles qui se trouvent dans cét espace, & j'en déterminay l'ascension droite, & la déclinaison, & les configurations qu'elles faisoient de jour en jour avec la comete, comme l'on peut voir dans la carte que j'en donnay alors, qui comprend les observations que je fis depuis le 2. de Février jusqu'au 18. de Mars, lesquelles je continuay encore pendant plusieurs jours. Cét espace du ciel est le terme septentrional auquel nostre lumiere s'étendoit vers la fin de Mars ; & je ne croy pas que j'eusse manqué de l'appercevoir, en regardant avec tant d'attention cet-

te partie du ciel, fi elle avoit efté auffi vifible qu'elle l'a efté ces dernieres années.

Qu'il est probable que cette lumiere a paru autrefois.

XXXI. On pourroit néanmoins conjecturer que ce phenomene a
paru autrefois, & qu'il eſt peut-eſtre du nombre de ceux que les Anciens
ont appellez *trabes* ou poutres, dont il feroit à fouhaiter qu'ils euffent
fait l'hiftoire & la defcription. M. Defcartes parle de ces fortes de phenomenes comme s'il euft vû le noftre, ou qu'il en euft entendu parler. Car
aprés avoir expliqué fon hypothefe touchant les cometes, qui eſt que les
cometes font des aftres fituez au deffus de la region des planettes, & que
nous en voyons la teſte par des rayons directs, & l'apparence de la queuë
par des rayons obliques qui tombant fur diverfes parties des orbes des
planettes, viennent des parties laterales à noftre œil par une réfraction
extraordinaire; il explique comment la queuë doit paroiftre venir du
cofté du foleil en forme d'une longue poutre lors que le foleil nous cache
le corps de la comete; & il dit mefme qu'il en peut paroiftre deux, une
le matin, l'autre le foir, lors que le foleil eſt juftement entre la terre & la
comete. Or comme l'on ne s'arrefte gueres à rendre raifon des phenomenes, que l'on n'en ait d'ailleurs quelque connoiffance; il y a lieu de croire que M. Defcartes avoit du moins entendu parler de quelque phenomene femblable au noftre qui fe voit foir & matin lors que l'obliquité
du Zodiaque à l'horizon, aprés le coucher ou avant le lever du foleil, n'eſt
pas fi grande qu'elle puiffe empefcher l'une ou l'autre apparence.

Mais quoy-que cette hypothefe de M. Defcartes puft paroiftre affez
propre pour rendre raifon de ce phenomene, quand on ne l'avoit obfervé que pendant un mois ou environ (car une comete peut bien demeurer pendant un mois ou un peu plus dans les rayons du foleil, puis
que les planettes, & les étoiles fixes y demeurent tout autant) néanmoins
la mefme hypothefe ne femble plus fi propre pour expliquer ce phenomene depuis que nous l'avons vû paroiftre un fi long efpace de temps.
Car comme il a fait plufieurs fois le tour du Zodiaque avec le foleil, il auroit fallu qu'une comete qui l'auroit reprefenté euft auffi fait plufieurs
fois le tour du Zodiaque. Ainfi le foleil auroit toûjours efté entre la comete & la terre dans la mefme ligne droite, ou à peu prés, de la maniere
que, felon l'hypothefe qu'Ariftote attribuë aux Pytagoriciens, le foleil
eſt entre la terre qui fait autour de luy fa révolution, & l'Antichthone
qui luy eſt toûjours oppofée : ce qu'il dit qu'ils ont fuppofé pour ac-
commoder les apparences à leurs opinions particulieres.

Mais il y auroit, ce me femble, moins d'inconvenient à dire, ce que M.
Defcartes n'accorde pas, qu'une réfraction femblable à celle qu'il attribuë aux rayons de la comete, lors qu'ils paffent de la région des étoiles
fixes à celle des planettes, arrive aux rayons du foleil en paffant de l'orbe

de Venus à celuy de la lune; car ces orbes peuvent estre d'une consistance diverse. Et pour rendre quelque raison de ce que cette lumiere est si-
tuée à peu prés selon la longueur du Zodiaque, on pourroit dire
que la matiere qui cause particulierement cette réfraction, est celle qui
se rencontre dans la trace décrite par l'orbe de la lune dans le mouvement annuel qu'il fait autour du soleil, dautant que cette matiere
souffre dans ce mouvement une plus grande agitation. Mais comme nous sommes persuadez par les observations que nous avons rapportées, que cette lumiere n'est pas visible toutes les années, il semble
que pour ne pas attribuer un effet passager à une cause perpetuelle, il
faut avoir recours à une matiere nouvelle comme celle dont nous
avons parlé.

Observations faites depuis le mois de Juin jusques au mois
de Septembre de cette année 1685.

XXXII. Ayant rapporté les observations qui m'empeschent de
supposer que cette lumiere ait esté toûjours visible, & celles qui me per-
suadent qu'elle ait esté veûë diverses autres fois, quoy-qu'on en ait
ignoré sa nature, & jugé que c'estoit un phenomene de peu de durée : je
n'ose pas asseurer qu'elle doive reparoistre toutes les années. Mais puis
qu'aprés trente mois depuis la premiere observation que j'en ay faite,
je ne la vois pas affoiblie, si ce n'est dans les temps & dans les lieux où
elle doit estre plus foible selon ma theorie : j'ay sujet d'en tirer une
conjecture qu'on la verra long-temps aux mois de l'année ausquels
nous l'avons veûë jusqu'à present..

Je n'ay pas manqué de chercher aux mois de Juin, & de Juillet de
cette année 1685. vers le temps des nouvelles lunes, si je n'en pouvois
pas découvrir quelque vestige, quoy-que mon hypothese ne me don-
nast pas lieu de l'esperer ; mais je n'ay rien découvert qui parust diffe-
rent des veritables crepuscules qui durent icy en ces mois-là presque
toute la nuit. J'ay prié des Sçavans qui ont entrepris des voyages sous
la Zone Torride, où cette lumiere se pourroit voir en ces mois plus aisément qu'ailleurs, d'y prendre garde, & de me communiquer leurs ob-
vations à dessein de verifier ma theorie, ou de la réformer s'il en est
besoin. Le Révérend Pere Fonteney & ses Collegues, qui ont esté en-
voyez par le Roy à la Chine, se sont chargez de l'observer. Les premieres observations que le temps m'a permis de faire de cette lumiere aprés
le dernier solstice, ont esté celles du 29. d'Aoust. Je la vis à trois heures
du matin à Maintenon, en venant de voir les grands ouvrages que Sa
Majesté fait faire pour conduire la riviere d'Eure à Versailles. Cette lumiere occupoit une si grande largeur entre les pieds de la grande Ourse
& le petit Chien, qu'elle avoit plus apparence de la veritable aurore, qui
ne devoit commencer qu'une heure aprés, que d'une lumiere extraordinaire.

naire. Mais la blancheur plus senſible paſſoit par le bras & par la poi‑
trine de l'oriental des Jumeaux, & ſe perdoit inſenſiblement dans la
voye de lait.

Le 5. Septembre de la meſme année 1685. à une heure du matin je
commençay d'obſerver s'il ne paroiſſoit pas encore quelque lumiere
du coſté d'Orient. Il en paroiſſoit ſur le corps des Jumeaux, ſur la par‑
tie de l'Ecreviſſe qui ſe voyoit ſur l'horizon, & ſur la teſte du Lion au
deſſous des pattes de la grande Ourſe. Aprés que le petit Chien fut levé,
la lumiere paroiſſoit s'étendre juſqu'à ſa teſte : les deux plus claires de
cette petite conſtellation eſtoient du coſté du Midy entre la trace de
cette lumiere & celle de la voye de lait, qui ſe rencontroient enſemble
vers les pieds ſeptentrionaux des Jumeaux, où elles faiſoient un angle
à peu prés de 60. degrez oppoſé à un arc de l'horizon, qui formoit avec
ces deux traces un triangle, au dedans duquel dans un champ obſcur eſ‑
toient les deux claires du petit Chien.

Lors que toute la conſtellation de l'Ecreviſſe fut levée, elle ſe
voyoit toute entiere dans la lumiere, à la réſerve de la patte plus auſtra‑
le, qui ſembloit eſtre dehors ; & la lumiere répanduë ſur l'Ecreviſſe, ſur
la teſte du Lion, & juſqu'aux genoux des Jumeaux, eſtoit plus claire que
la voye de lait : le reſte juſqu'aux pieds des Jumeaux où elle finiſſoit a‑
vec la voye de lait, eſtoit plus foible.

Lorſque la teſte de l'Hydre eut paru ſur l'horizon, on la vit à l'extré‑
mité méridionale de la lumiere au dehors. L'étoile plus ſeptentrionale
dans le col du Lion la terminoit du coſté du Septentrion. Le cœur du
Lion, aprés qu'il fut levé, parut vers le milieu de la largeur de la lumiere
un peu vers le Septentrion. La longueur de la lumiere entre la voye de
lait & le ſoleil eſtoit de 75. degrez.

A 3. heures 50. minutes l'horizon blanchiſſoit par le Crepuſcule vé‑
ritable qui commençoit à paroiſtre le long de l'horizon oriental, com‑
me une bande claire : ainſi la lumiere extraordinaire s'effaça premiére‑
ment proche de l'horizon, & en ſuite plus haut.

A 4. heures on ne diſtinguoit plus la lumiere extraordinaire : la blan‑
cheur du Crepuſcule s'étendoit à 4. degrez de hauteur ſur l'horizon ; le
reſte du ciel, meſme où la lumiere avoit paru, luy eſtant comparé, pa‑
roiſſoit d'un bleu obſcur.

Il paroiſt par cette obſervation que la lumiere évidente avoit ſur le
Lion & vers la teſte de l'Hydre la largeur de plus de 20. degrez, & qu'el‑
le eſtoit partagée à peu prés également par l'écliptique.

Le 9. de Septembre à 3. heures & un quart du matin la lumiere pa‑
roiſſoit du coſté d'Orient beaucoup plus claire que la voye de lait, avec
laquelle elle ſe confondoit à ſon extrémité. Elle paſſoit ſous la teſte
des Jumeaux qu'elle laiſſoit au Nord, & couvroit toute l'Ecreviſſe. A 3.
heures & 3. quarts elle enfermoit la teſte & le col du Lion avec la teſte

K

de l'Hydre. Le cœur du Lion estoit au milieu de sa largeur. Selon cette observation la largeur de la lumiere estoit de 27. ou 28. degrez, & elle estoit aussi partagée à peu prés également par l'écliptique. Sa longueur entre le soleil & la voye de lait estoit de 79. degrez. A 4. heures le Crepuscule paroissoit comme une bande lumineuse de la largeur d'environ 10. degrez, qui n'effaçoit pas néanmoins la lumiere extraordinaire, ni la voye de lait, en sorte que l'on voyoit la lumiere faire un angle avec le Crepuscule d'un costé, & avec la voye de lait de l'autre.

Le 27. de Septembre à 3. heures du matin je vis la lumiere sur le signe du Lion & de l'Ecrevisse, où elle se terminoit du costé d'occident, se perdant dans cette constellation si insensiblement, qu'on avoit quelquefois de la peine à l'y apercevoir. Les pieds du Lion estoient à son terme méridional; le dos & la queuë du Lion à son terme septentrional : le cœur du Lion estoit plus proche du terme meridional. Il est donc évident que l'écliptique ne divisoit pas également la largeur de la lumiere, mais que sa plus grande partie restoit du costé du Septentrion, puisque le cœur du Lion, qui a un peu de latitude septentrionale, estoit plus prés du terme meridional que du septentrional. Sa longueur jusqu'au soleil estoit de 70. degrez. A 4. heures 35. minutes le Crepuscule commençoit à paroistre, & la lumiere extraordinaire paroissoit encore depuis la ceinture de la Vierge jusqu'à l'Ecrevisse, qui estoit entiérement dans la lumiere. La partie septentrionale de la teste & du col du Lion estoit dehors, du costé du Septentrion ; & la teste de l'Hydre estoit dehors, du costé du Midy : ainsi sa largeur en cét endroit estoit de 22. degrez.

Le 28. Septembre à 3. heures 40. minutes du matin la lumiere se voyoit étenduë à peu prés comme le jour précédent à la mesme heure. Elle occupoit la constellation du Lion & celle de l'Ecrevisse, où elle finissoit insensiblement. Sa largeur estoit entre les pieds & la moyenne du col de Lion ; les plus boréales du col & de la teste estoient hors de la lumiere du costé du Septentrion : ainsi sa largeur en cét endroit estoit de 15. degrez, & sa longueur jusqu'au soleil de 71. degrez.

Le 30. Septembre à 2. heures du matin la lumiere estoit sur les étoiles de la gueule du Lion, rasoit celles du col, & s'étendoit jusqu'à la nebuleuse de l'Ecrevisse. A 4. heures le cœur du Lion estoit prés de l'extrémité méridionale de la lumiere, le dos du Lion prés de l'extrémité septentrionale. Sa largeur en cét endroit estoit de 15. degrez, sa longueur jusqu'au soleil de 70. degrez. A 4. heures & demie la queuë du Lion estoit dans la lumiere. Du costé du Septentrion l'horison commençoit à blanchir par le Crepuscule. A 4. heures 34. minutes la blancheur horisontale s'étendoit aussi du costé du Midy. A 4. heures 54. minutes la blancheur avoit gagné l'horison oriental jusqu'à la hauteur de huit degrez. Il paroist par cette observation comparée avec les précédentes, que cette lumiere dont la largeur au commencement de ce mois eſtoit diviſée également par le Zodiaque, diminuoit de jour en jour du coſté du Midy, & augmentoit du coſté du Septentrion, quoy-qu'elle s'étendiſt ſelon la longueur de l'écliptique.

Obſervations en Octobre, Novembre & Décembre de l'an 1685.

XXXIII. Le premier d'Octobre 1685. à 4. heures du matin on voyoit la lumiere s'étendre depuis la queuë du Lion juſqu'à l'Ecreviſ-ſe. Les pieds de devant du Lion eſtoient à ſon terme méridional, & la queuë dans ſon terme ſeptentrional. Sa largeur en cét endroit eſtoit de 15. degrez, ſa longueur juſqu'au ſoleil de 66. Il paroiſt encore par cette obſervation, qu'en ce temps la largeur de la lumiere eſtoit parta-gée inégalement par l'écliptique, que la plus grande partie eſtoit du coſté du Septentrion, & la moindre du coſté du Midy.

Le 27. Octobre à 7. heures du matin la lumiere paſſoit par la conſ-tellation de la Vierge, & alloit juſqu'à la cuiſſe de derriere du Lion à la diſtance de 55. degrez du ſoleil : la plus grande partie de ſa largeur eſ-toit du coſté du Septentrion à l'égard de l'écliptique.

Le 27. Novembre à 5. heures du matin la lumiere ſe voyoit étenduë ſur la conſtellation de la Vierge : elle paſſoit entre la méridionale de la ceinture, & la moyenne des trois dans la meſme ceinture, laiſſant au Septentrion toute l'aile ſeptentrionale. L'épi de la Vierge la bor-doit du coſté méridional, & vers l'horizon elle s'élargiſſoit juſqu'au pied ſeptentrional : du coſté d'occident elle s'étendoit prés de Satur-ne qui eſtoit au 19. degré de la Vierge, à la diſtance de 67. degrez du ſoleil.

A 5. heures 25. minutes Jupiter parut ſur l'horizon, & ſembloit eſtre au bord méridional de la lumiere, quoy-qu'il euſt un peu de latitude ſe-ptentrionale ; & du coſté du Septentrion elle approchoit des étoiles qui ſont dans le col du ſerpent d'Ophiucus. D'où il paroiſt que la lu-miere eſtoit preſque toute du coſté de Septentrion à l'égard de l'écli-ptique, & qu'elle eſtoit beaucoup plus étroite qu'au mois précédent, ſa largeur dans la ceinture de la Vierge n'eſtant que de 5. degrez.

Le 2. Décembre à 6. heures du matin on ne voyoit point de lumiere ſur la Vierge où elle devoit paroiſtre : mais le ciel n'eſtoit pas pur.

Le 4. Décembre à 5. heures 15. minutes du matin la lumiere s'éten-doit ſur la partie inférieure de la Vierge, & ſe terminoit inſenſiblement prés de la ceinture à 68. degrez de diſtance du ſoleil. Elle comprenoit les autres étoiles de la Vierge au deſſous de la ceinture juſqu'aux pieds, & celles que l'on voyoit de la Balance, & s'approchoit de celles du ven-tre du ſerpent d'Ophiucus. L'épi de la Vierge en eſtoit un peu éloigné du coſté du Midy ; ſa largeur ſur la Balance eſtoit de 15. degrez. Jupiter qui eſtoit à 11. degrez du Scorpion, eſtoit compris dans la clarté, & y faiſoit comme une bréche : d'où il paroiſt que la lumiere eſtoit preſque toute du coſté du Septentrion à l'égard de l'écliptique.

Le 5. Décembre à 5. heures ½ du matin la lumiere paroiſſoit à peu prés comme le jour précédent. Elle ſe terminoit entre la méridionale de la ceinture de la Vierge, & la ſuivante dans l'aiſle méridionale à 68. degrez de diſtance du ſoleil, & elle paroiſſoit toute au Septentrion à l'égard de l'écliptique. Quoy-que le ciel paruſt fort ſerein, Jupiter, qui eſtoit au bord de la lumiere, paroiſſoit par la lunette brouïllé extraordinairement. On pourroit douter ſi ce n'eſtoit pas un effet de la matiere lumineuſe interceptée entre noſtre œil & Jupiter.

Le 6. Décembre à 6. heures du matin on ne diſtinguoit point les bornes de la lumiere ; on voyoit ſeulement une clarté confuſe à l'endroit de Jupiter & de l'épi de la Vierge. Mais le ciel n'eſtoit pas bien clair, car il s'élevoit des brouïllards & le Crepuſcule eſtoit proche.

Nous avons trois obſervations de M. Fatio faites à Généve le meſme mois.

Le 18. de Décembre il obſerva que la pointe de la lumiere tomboit ſur deux étoiles à trois degrez & demi de diſtance de l'écliptique vers le Septentrion : la lumiere paroiſſoit un peu étroite; ſon milieu eſtoit dreſſé au ſoleil; & ſa longueur, à la prendre depuis cét aſtre, eſtoit de 86. degrez.

Le 22. la lumiere paroiſſoit preſque de meſme qu'elle avoit paru le 18. & ſa longueur ſembloit eſtre de 87. degrez.

Le 2. la lumiere eſtoit encore un peu au Septentrion à l'égard de l'écliptique : mais dans ces trois dernieres obſervations le bord méridional ſembloit paſſer ſur Mars, ſur Venus, & ſur une ſuite d'étoiles fixes. La longueur de la lumiere luy parut d'abord de 80. degrez ; & plus tard elle paroiſſoit ordinairement de 80. degrez encore, & quelquefois davantage. La ſituation de Mars & de Venus montre que ces trois obſervations furent faites le ſoir.

Le 25. Décembre au ſoir, aprés le paſſage de l'étoile polaire par le méridien, nous obſervaſmes cette lumiere à l'Occident. Elle ſembloit ſe ſéparer de la voye de lait dans la conſtellation d'Antinoüs : ſon terme boreal paſſoit par la main d'Antinoüs, par les épaules & par le coude oriental d'Aquarius, & ſembloit arriver juſqu'aux étoiles méridionales du poiſſon auſtral, qui ſont prés de l'écliptique. Ainſi ſon terme oriental eſtoit diſtant du ſoleil de 76. degrez. Du coſté du Midy elle comprenoit Venus qui eſtoit à 18. degrez du Capricorne avec un degré & demi de latitude auſtrale; & elle s'étendoit un degré de plus vers le Midy. Elle comprenoit auſſi Mars, qui eſtoit au 7. degré & demi des Poiſſons avec un peu moins d'un degré de latitude auſtrale : la pluſpart de la lumiere eſtoit donc encore du coſté du Septentrion à l'égard de

l'éclil'écliptique; ſa largeur ſur la conſtellation d'Aquarius eſtoit de 12. degrez, mais elle eſtoit plus grande vers Antinoüs.

La meſme nuit à 6. heures du matin du 26. Décembre la lumiere paroiſſoit du coſté d'Orient, & elle ne s'étendoit que juſqu'à Jupiter qui eſtoit au 16. degré du Scorpion, à 50. degrez de diſtance du ſoleil. Elle comprenoit les étoiles de la Balance auſtrale, & celles du pied d'Ophiucus, & elle s'étendoit du coſté du Septentrion juſqu'à ſon genouïl, ayant la largeur de 13. degrez. Il parut auſſi que la plus grande partie de la lumiere eſtoit du coſté du Septentrion à l'égard de l'écliptique.

Obſervations de l'année 1686. pendant l'hyver & le printemps.

XXXIV. Le 14. Janvier 1686. à 5. heures 52. minutes du ſoir, je commençay de voir la lumiere à l'Occident. A 6. heures elle paſſoit par l'urne d'Aquarius audeſſous de ſon bras oriental, qu'elle laiſſoit au Septentrion. Elle paſſoit auſſi par Venus qui eſtoit au 12. degré des Poiſſons, avec un degré de latitude méridionale, & elle arrivoit juſqu'à Mars, qui eſtoit au 22. du meſme ſigne prés de l'écliptique. Ainſi ſa longueur à la prendre du ſoleil, qui eſtoit au 25. degré du Capricorne, paroiſſoit de 57. degrez; mais il eſtoit tres-difficile de diſtinguer ſon terme oriental. Elle n'eſtoit pas ſi évidente que la voye de lait, & il falloit cacher Venus à l'œil pour la voir plus diſtinctement: ainſi je n'en pus pas déterminer les bornes du coſté du Septentrion, ni du coſté du Midy.

Le 19. Janvier à 6. heures du ſoir je vis la lumiere fort diſtinctement entre le bras oriental & la jambe orientale d'Aquarius, où elle occupoit la largeur de 14. degrez, partagée preſque également par l'écliptique. Elle paſſoit par Venus, & s'étendoit foiblement juſqu'à Mars. La clarté de cette planéte m'empeſcha de déterminer plus éxactement le terme oriental de la lumiere.

Le 20. de Janvier M. Fatio obſerva la lumiere qui luy paroiſſoit auſſi tres-douteuſe. Sa pointe eſtoit ſur l'écliptique, mais ſon milieu tomboit du coſté du Midy. Ses deux bords paſſoient prés de quelques étoiles qu'il ne nomme pas: le méridional en particulier ſe terminoit vers l'horiſon à une étoile fixe aſſez grande. La plus grande largeur de la lumiere rers l'horiſon eſtoit de 17. degrez, dont il n'y en avoit que 7. du coſté du Septentrion: ainſi la fixe à laquelle le bord méridional de la lumiere ſe terminoit vers l'horiſon, pouvoit eſtre une de la troiſiéme grandeur dans la queuë de la Baleine, qui a 10. degrez de latitude méridionale. La longueur de la lumiere, à commencer depuis le ſoleil, eſtoit de 82. degrez.

Le 21. il vit la lumiere fort foible: elle paroiſſoit quelquefois éxactement ſur l'écliptique, & quelquefois le bord méridional qui eſtoit le plus incertain, ſembloit eſtre plus prés de l'écliptique que l'autre. La longueur de la lumiere paroiſſoit eſtre tantoſt de 73. degrez, tantoſt de 81.

L

Le 21. Janvier à 7. heures & demie je vis la lumiere qui paſſoit par Venus & par Mars, par le Poiſſon auſtral, & par les plus prochaines du lien des Poiſſons qui ſont prés de l'écliptique, de ſorte que ſa longueur depuis le ſoleil eſtoit de 73. degrez. Il falloit cacher Venus pour mieux diſtinguer la lumiere.

„ Le 10. de Février M. Fatio vit la lumiere fort vive à l'entrée de la „ nuit. Le 11. elle eſtoit tout-à-fait ſenſible, mais ſes bords eſtoient extré- „ mement incertains. Elle paroiſſoit ſur l'écliptique. Le lieu de ſa pointe „ eſtoit fort douteux, & les planétes de Mars & de Venus rendoient l'ob- „ ſervation difficile. Sa longueur eſtoit de 68. ou plûtoſt de 61. degrez.

„ Le 12. le milieu de la lumiere luy paroiſſoit à peu prés ſur l'éclipti- „ que : elle eſtoit fort douteuſe par les bords. Le coſté ſeptentrional paſ- „ ſoit ſur une ſuite d'étoiles qui ſe rencontrerent vers l'extrémité du phe- „ nomene, & qui faiſoient que ſa pointe ſembloit quelquefois tomber „ vers le Midy. La longueur de la lumiere eſtoit de 52. ou 60. degrez.

Le 15. Février je remarquay que la lumiere paroiſſoit plus grande que les jours précédens, mais ſes termes eſtoient fort difficiles à déterminer. Quelques-uns de ceux qui ſe trouverent préſens lors que j'obſervois, ju-gerent qu'elle ſe terminoit prés des Pleïades; ainſi ſelon leur eſtimation ſa longueur, à la prendre depuis le ſoleil, auroit approché de 90. degrez, mais elle me paroiſſoit plus courte.

„ Ce meſme jour M. Fatio remarqua que la lumiere eſtoit tres-ſenſible, „ mais que ſes bords eſtoient confus : elle luy parut eſtre ſur l'écliptique. „ Mars & Venus luy rendoit encore l'obſervation difficile. La pointe luy „ paroiſſoit à 62. degrez de diſtance du ſoleil, & ſouvent à 80. mais alors „ elle paroiſſoit aboutir à des étoiles; peut-eſtre à celles qui ſont dans la „ queuë d'Aries : cette derniere ſituation ſe vérifia lors qu'il fut plus tard.

„ Le 18. & le 19. la lumiere luy paroiſſoit s'étendre plus du coſté du „ Midy que du coſté du Septentrion, & luy ſembloit finir aux meſmes „ étoiles que le 15. à 76. ou 77. degrez de diſtance du ſoleil. Mais en tou- „ tes ces obſervations les bords n'eſtoient guere bien terminez.

Le meſme jour 19. Février à 7. heures du ſoir la lumiere me parut fort claire juſqu'à Venus & à Mars : elle comprenoit le Poiſſon auſtral, & alloit ſe perdre inſenſiblement vers Aries & vers les Pleïades. La gran-de difficulté de déterminer ſes bornes m'empeſcherent de continuer à l'obſerver.

„ Le 23. M. Fatio jugea que la lumiere eſtoit ſur l'écliptique, mais que „ ſa pointe, qui ſe rencontroit vers les Pleïades, eſtoit à un ou deux degrez „ de diſtance de ce cercle vers le Septentrion, & détermina ſa longueur „ de 80. ou de 83. degrez.

„ Le 12. de Mars elle luy paroiſſoit preſque comme elle avoit paru le „ 23. de Février : le lieu de la pointe eſtoit aſſez douteux, & il ne luy parut „ pas éloigné du ſoleil de plus de 67. degrez.

Le mefme jour 11. Mars à 7. heures & demie du foir je vis fort bien la lumiere à l'Occident, qui comprenoit le lien des Poiffons, la conftellation d'Aries, les planétes de Venus & de Mars, & finiffoit aux Pleïades à 63. degrez de diftance du foleil.

Il n'y a pas plus de différence entre cette obfervation & celle de Genéve, qu'il y en a fouvent entre les obfervations faites en un mefme lieu par divers Obfervateurs, & par un mefme à un peu d'intervale de temps, à caufe de la difficulté d'en déterminer les bornes.

Le 18. M. Fatio vit le milieu de la lumiere fenfiblement fur l'écliptique, ou plûtoft elle luy fembla s'étendre un peu vers le Midy dans la partie plus large du phenomene : mais le bord feptentrional eftoit douteux en quelque maniere à caufe du voifinage de Venus; la pointe eftoit éloignée de 63. degrez du foleil.

Le 21. de Mars je vis la lumiere qui comprenoit Venus & Mars, & toute la conftellation d'Aries. Elle touchoit le pied méridional de Perfée, & le col du Taureau, & elle alloit prefque paffer à la voye de lait. Sa longueur depuis le foleil eftoit donc de 75. degrez, & la plus grande partie de fa largeur eftoit du cofté du Septentrion à l'égard de l'écliptique.

Le 11. d'Avril la pointe de la lumiere parut à M. Fatio à peu prés fur l'écliptique : mais le milieu de la lumiere luy parut s'en écarter vers le Septentrion, principalement dans la partie plus voifine du foleil. La lumiere devenoit d'abord fort large, & la pointe fembloit fouvent eftre éloignée de 5. degrez de la voye de lait, qu'elle paroiffoit quelquefois atteindre ; ainfi la longueur du phenomene luy paroiffoit quelquefois de 58. degrez, mais plus fouvent de 53.

Le 12. la lumiere luy paroiffoit plus étroite qu'elle n'avoit fait le jour précédent, auffi fa pointe luy fembloit eftre à 62. degrez de diftance du foleil. Mais comme cette pointe fe rencontroit dans la voye de lait, il ne croit pas qu'on doive compter beaucoup fur la longueur que ces derniéres obfervations donnent au phenomene.

Le mefme jour 12. Avril à 9. heures du foir, je vis la lumiere paffer par Mars, & par les Pleïades, entre les cornes du Taureau, traverfer la voye de lait, & aller jufqu'aux deux teftes des Jumeaux où elle fembloit fe terminer. Le bleu du ciel de cofté & d'autre la faifoit diftinguer : ainfi fa longueur depuis le foleil paroiffoit de 85. degrez. La grande différence entre cette obfervation & celle de Genéve doit eftre attribuée à la rencontre de la voye de lait, qui avoit donné fujet à M. Fatio de fe méfier de fa longueur qu'il attribuoit à ce phenomene. Noftre obfervation femble eftre confirmée par les fuivantes.

Le 14. d'Avril à 2. heures du foir la lumiere eftoit fort évidente : elle paffoit par les lieux décrits les jours précedens, coupoit la voye de lait, paffoit par la tefte auftrale des Jumeaux, & par les pates boréales de l'Ecrevice, & alloit se terminer prés de la teste du Lion. Ainsi cette lumiere m'a paru excéder la longueur de 90. degrez prise du soleil.

Le 20. d'Avril à 9. heures & demie la lumiere se voyoit clairement. Elle alloit jusqu'à l'Ecrevice : sa distance prise du soleil approchoit de 90. degrez. Dix jours aprés cette observation il parut de grandes taches dans le soleil, qui durerent dans son disque apparent jusqu'au commencement de May.

Le treiziéme de May la lumiere passoit prés des testes des Jumeaux qu'elle laissoit au Nord, passoit par le bras de l'oriental des Jumeaux & par l'Ecrevice, & finissoit entre les étoiles du col du Lion, & celle du cœur qu'elle laissoit au Sud : ainsi sa longueur prise du soleil parut de 93. degrez.

Il paroist par les dernieres observations comparées avec les premiéres de l'an 1683. que cette lumiere a augmenté en longueur du costé d'Orient depuis ce temps-là, dans l'espace de 37. mois, de 30. ou 33. degrez ; puisque prés de l'équinoxe de l'année 1683. elle ne s'étendoit qu'un peu au-delà des Pleïades vers la teste du Taureau, à la distance du soleil de 60. ou 61. degrez ; & au temps ces derniéres observations elle s'étendoit jusqu'à la distance du soleil de 90. à 93. degrez. Comme donc ce phenomene augmente présentement, il pourroit bien aussi diminuer en d'autres temps, & cesser d'estre visible pendant quelques années, & retourner de nouveau, comme j'ay tâché de prouver au nombre 30. & 31. que cela peut estre arrivé aux temps passez.

Et comme l'augmentation en est si grande, qu'il semble plus raisonnable de la reconnoistre pour réelle, que la juger simplement apparente, il ne paroist pas qu'il y ait d'inconvenient à supposer que les augmentations & les diminutions réciproques qui paroissent ordinairement d'un jour à l'autre, & qui commencerent à paroistre l'an 1683. ayent aussi quelque fondement réel, quoy-qu'on les puisse attribuer en partie à la difficulté de déterminer ses bornes, & au mélange accidentel d'autres lumieres, & aux différens degrez de la clarté de l'air.

Observations faites pendant l'esté & l'automne de 1686.

XXXV. Le 26. Aoust 1686. à 3. heures du matin, la lumiere passoit par Venus, qui estoit au 26. degré de Cancer, & par les pieds des Jumeaux. Il se leva des nuages qui m'empeschérent de remarquer plus distinctement ses bornes, & de vérifier si elle passoit au-delà de la voye de lait vers le Taureau, comme il me parut d'abord.

Le 27. Aoust à 1. heure 50. minutes du matin la lumiere s'étendoit sur la constellation des Jumeaux, & sembloit augmenter beaucoup de ce costé-là la largeur de la voye de lait. Je ne la voyois pas passer au-delà vers le Taureau autant qu'il m'avoit paru dans l'observation précédente. A 2. heures le ciel se couvrit entiérement.

Le

Le 28. Aouſt à 3. heures 45. minutes du matin je ne vis rien dans la lumiere différent de ce que j'avois veû le jour précédent. A 4. heures 15. minutes en regardant Venus par la lunete de 34. pieds, je vis à trois cinquiémes de ſon diamétre vers l'Orient une lumiere informe, qui ſembloit imiter la phaſe de Venus, dont la rondeur eſtoit diminuée du coſté de l'Occident. Le diamétre de ce phenomene eſtoit à peu prés égal à la quatriéme partie du diamétre de Venus. Je l'obſervay attentivement pendant un quart d'heure, & aprés avoir interrompu l'obſervation l'eſpace de quatre ou cinq minutes, je ne la vis plus : mais le jour eſtoit grand.

J'avois veû une apparence ſemblable qui imitoit la phaſe de Venus le 25. Janvier de l'an 1672. depuis 6. heures 52. minutes du matin juſqu'à 7. heures 2. minutes, quand la clarté du Crépuſcule la fit évanoüir. Venus eſtoit alors en croiſſant, & ce phenomene qui eſtoit égal à peu prés à la quatriéme partie du diamétre de Venus, eſtoit auſſi en forme de croiſſant. Il eſtoit éloigné de la corne auſtrale du diamétre de Venus, du coſté de l'Occident. Dans ces deux obſervations j'ay douté ſi ce ne ſeroit pas un ſatellite de Venus qui ſeroit d'une conſiſtance moins propre à refléchir ſa lumiere du ſoleil, & qui auroit à peu prés la meſme proportion à Venus que la lune à la terre, eſtant à la meſme diſtance du ſoleil & de la terre, que Venus, dont il imiteroit les phaſes. Mais quelque recherche que j'aye faite aprés ces deux obſervations, & en divers autres temps, pour achever une découverte de ſi grande importance, je ne l'ay jamais pu voir que ces deux fois. C'eſt pourquoy je ſuſpends mon jugement ſur ce phenomene. S'il revient plus ſouvent, on aura ces deux époques, qui comparées aux autres obſervations pourront ſervir à trouver les régles de ſon retour, s'il ſe peut réduire à quelque régle.

Le 3. Septembre à 3. heures du matin le ciel eſtant ſerein, j'employay tout ce qui reſtoit de la nuit à chercher par la lunette tout autour de Venus le phenomene obſervé le 18. mais je ne vis rien de ſemblable. Les nuits ſuivantes les nuages m'empeſcherent d'obſerver la lumiere, & de voir une Cométe qui paſſa prés de ſon terme ſeptentrional.

Le Pere Richaud, un de ceux qui ont eſté choiſis pour aller à Siam en qualité d'Aſtronomes du Roy, obſerva cette Cométe à Pau, & il me communiqua les obſervations qu'il en fit depuis le 7. juſqu'au 15. de Septembre, dont voicy l'abregé.

Longitude & latitude de la Cométe observée à Pau au mois de Septembre 1686. prés du Crépuscule du matin.

Jours du mois.	Longitude de la Cométe.	Latitude Septentr.
	Sig. D. M.	D. M.
7	♌ 27. 0	9. 0
9	♌ 28. 50	9. 25
10	♌ 29. 45	9. 40
15	♍ 6. 15	11. 0

Par la comparaison de ces observations avec celles du 9. de Septembre 1685. raportées au nombre 32. il paroist que la trace de cette Cométe qui passoit le long du col du Lion, estoit enfermée dans l'espace auquel la lumiere s'étendoit du costé du Septentrion; & en comparant ensemble les observations de la Cométe pendant 8. jours qu'elle fut observée à Pau, on voit qu'elle faisoit à peu prés un degré par jour, qui est un mouvement peu différent de celuy par lequel le soleil, & par conséquent nostre lumiere, s'avance vers l'Orient.

Le 15. Septembre à 3. heures du matin la lumiere passoit entre Venus, qui estoit au 19. degré du Lion prés de l'écliptique, & la lune qui estoit à son decours au 22. degré du Lion avec une latitude Septentrionale de 5. degrez, & venoit de se lever. La lumiere passoit aussi entre le petit Chien & les testes des Jumeaux, & rencontroit la voye de lait au pied luisant des Jumeaux.

A 3. heures 20. minutes 26. secondes les deux cornes de la lune estoient en ligne droite avec une étoile fixe qui est l'australe dans le col du Lion : elle estoit éloignée de la corne septentrionale de la lune d'un cinquiéme de son diamétre. Je fis diverses autres observations du costé de l'Orient sans voir la Cométe qui devoit estre plongée dans le Crépuscule.

Le 16. Septembre à 3. heures 10. minutes du matin la lumiere estoit étenduë à peu prés comme le jour précédent, mais elle comprenoit Venus. Elle passoit aussi entre le petit Chien & la teste du suivant des Jumeaux. Prés de l'horison elle rasoit les étoiles du col du Lion.

Le 17. Septembre la lumiere paroissoit fort claire depuis Venus jusqu'aux épaules des Jumeaux, & continuoit foiblement jusqu'aux pieds, où elle se terminoit à la voye de lait, qui en cét endroit estoit plus claire que nostre lumiere, au lieu que dans la partie inférieure vers l'horison cette lumiere estoit plus claire que la voye de lait.

Le 20. Septembre la lumiere paroissoit distinctement. Elle passoit par Venus qui divisoit sa largeur inégalement, de sorte qu'un quart es-

toit du costé du Midy, & trois quarts du costé du Septentrion, où elle
frisoit la moyenne du col du Lion. Elle passoit par l'Ecrevisse, & sa
plus grande clarté se terminoit entre la petite du petit Chien, & la teste
plus septentrionale des Jumeaux. Le reste qui estoit plus foible, alloit
joindre la voye de lait aux pieds septentrionaux des Jumeaux.

Depuis le 22. jusqu'au 26. de Septembre il parut des taches dans le
soleil. Les Ambassadeurs de Siam qui vinrent à l'Observatoire le 25. de
ce mois les observerent.

Le 27. Septembre à 3. heures 36. minutes du matin la lumiere passoit sur Venus, qui estoit au 4. degré de la Vierge avec un degré de latitude septentrionale, & estoit peu éloignée du bord austral de la lumiere: elle passoit aussi par le cœur du Lion, & s'étendoit aux étoiles du
col. Elle traversoit l'Ecrevisse, & alloit se terminer à la voye de lait aux
pieds septentrionaux des Jumeaux : elle estoit plus claire que la voye de
lait jusqu'à 30. degrez de hauteur sur l'horison ; le reste estoit plus foible.

Le 22. Octobre la partie de la lumiere plus claire que la voye de lait
s'étendoit jusqu'à l'étoile qui suit le cœur du Lion, & un peu plus loin
vers le cœur : du costé du Septentrion elle rasoit presque la queuë du
Lion : du costé du Midy il y avoit des nuages qui empeschoient d'en
voir les termes. A 4. heures 48. minutes je reconnus que la lumiere passoit au-delà du cœur du Lion. Ainsi la longueur de la lumiere depuis
le soleil estoit d'un peu plus de 66. degrez, sa largeur à peu prés de 14.
degrez.

Le 23. Octobre à 4. heures & demie du matin la lumiere ne paroissoit pas si claire que le jour précédent: elle s'étendoit jusqu'au cœur du
Lion. A 5. heures Saturne, Venus & Mars, & l'aisle australe de la Vierge paroissoient prés de son extrémité australe ; ensuite ces astres me parurent au tiers de sa largeur. La méridionale des trois dans la cuisse du
Lion estoit prés de son extrémité septentrionale, d'où il paroist qu'elle
ne s'étendoit pas tant en largeur que le jour précédent, quoy-qu'elle
eust à peu prés la mesme longueur.

Le 14. Novembre, à 5. heures du matin la lumiere sembloit raser du
costé du Midy Saturne & Mars, & aller jusqu'aux pieds de derriere du
Lion, à 70. ou 71. degrez de distance du soleil : elle sembloit courbée,
& avoir la figure d'une faux. Du costé du Septentrion elle se terminoit à l'aisle septentrionale de la Vierge.

Le mesme jour M. Fatio observa ce phenomene lumineux le matin
à Amsterdam. Il parut dabord obscur & assez mal terminé : il sembloit «
estre en mesme temps fort transparent & fort foible, sur tout vers la «
pointe, qui ne paroissoit pas s'étendre plus avant que jusqu'à deux étoi- «
les voisines de l'écliptique, & éloignée de 72. degrez & demy du soleil. «

A 4. heures & demie lorsque Saturne avoit déja commencé de pa- «

» roiftre au deffus de quelques maifons, les deux bords du phenomene
» femblérent s'eftre rangez plus au Midy, & la lumiere parut fort vive au-
» tour de cette planéte. Lorfque Mars & l'épy de la Vierge parurent, la
» lumiere qui avoit d'abord femblé eftre prefque toute entiere au Se-
» ptentrion de l'écliptique, eftoit en grande partie du cofté du Midy; fon
» milieu neanmoins eftoit encore éloigné de l'écliptique à peu prés
» d'un degré vers le Septentrion. La force & la vivacité de cette lumiere
» eftoit fi grande, qu'il eft furprenant que perfonne ne la regarde autre-
» ment que comme un fimple brouillard. Elle paroiffoit encore lorfque
» l'on pouvoit déja diftinguer divers objets fur la terre, & alors le mi-
» lieu de fa lumiere fembloit eftre à peu prés fur l'écliptique : la pointe
» du phenomene parut toûjours environ dans le mefme endroit, quoy-
» qu'elle ne fuft pas fort claire. Durant les obfervations faites avant le
» commencement du Crépufcule, les deux bords du phenomene regar-
» dez comme immobiles prés de l'endroit où eftoit la pointe, parurent
» s'approcher du Midy, le feptentrional par un angle de 10. degrez, &
» le méridional par un angle de 5. degrez. M. Fatio attribuë ce changement au mélange de la clarté que le foleil répand vers l'horifon au
commencement de fon Crépufcule, qui augmente peu à peu en force
& en étenduë, & au Crépufcule de la lune qui n'eftoit pas encore nouvelle, & eftoit éloignée d'environ 20. degrez du foleil, & fort voifine
de Venus.

J'obfervay le mefme matin Venus avec la lune. Venus eftoit dans
le mefme vertical que la corne inférieure de la lune à 5. heures 50. minutes, & plus baffe d'un diamétre de la lune & un quart. A 7. heures
19. minutes je la vis en ligne droite avec les cornes de la lune, & éloignée de la corne méridionale de deux tiers du diamétre de la lune à
la hauteur de 14. degrez 54. minutes fur l'horifon.

Le 22. Novembre à 5. heures trois quarts du matin la lumiere eftoit fort large, & s'étendoit jufqu'à Mars, qui eftoit au 20. degré de la
Balance avec un degré de latitude feptentrionale. Le Crépufcule commença à 6. heures.

Ayant comparé enfemble les obfervations faites la mefme nuit à
Paris & à Amfterdam, on y trouve quelque différence : mais il ne faut
pas s'en étonner, parce que dans le mefme lieu il y a eû auffi de la différence confidérable en peu d'intervalle de temps: joint que deux Obfervateurs dans le mefme lieu & dans le mefme temps ne s'accordent
pas toûjours dans la détermination des bornes de la lumiere, où elle
eft ordinairement foible & ambiguë; ce qui empefchera toûjours de
pouvoir déterminer la parallaxe de ce phénomene, comme je remarquay dans le Journal. Sans cela on diroit qu'au temps de ces obfervations la lumiere avoit de la parallaxe, puifqu'à Paris fon bord méridional parut rafer Saturne & Mars, & qu'à Amfterdam ces planétes parurent

rurent enfoncées dans la lumiere que la parallaxe devoit auffi jetter plus au Midy.

Obfervations de l'année 1687. pendant l'Hyver & le Printemps.

XXXVI. Le 11. Janvier 1687. à 7. heures & trois quarts du foir la lumiere eftoit fur le Poiffon Auftral prefque ronde, & envoyoit une maniére de queuë fur la tefte de la Baleine. La nouvelle étoile qui paroift & difparoift tous les ans dans le corps de la Baleine, paroiffoit plus grande que je ne l'avois jamais veûë, & furpaffoit en grandeur Menkar.

Le 4. Février à 7. heures du foir la lumiere eftoit grande fur le Poiffon Auftral. Elle rafoit du cofté du Septentrion l'aifle occiden-tale du Pégafe, & en cét endroit elle eftoit large comme le quarré du Pégafe, c'eft à dire, de 13. à 14. degrez. Elle continuoit fur la conftel-lation d'Aries, & fe terminoit un peu au deffous des Pléïades qu'elle laiffoit au Nord. Ainfi la longueur de cette lumiere depuis le Soleil paroiffoit environ de 100. degrez.

Le 5. Février à 8. heures du foir la lumiere rafoit l'extrémité de l'aifle du Pégafe, & paffoit par les mefmes étoiles que le jour précedent. La nouvelle étoile de la Baleine, à la veûë fimple, paroiffoit égale à Menkar; mais par la lunette elle fembloit plus grande.

Le 2. Mars à 7. heures 38. minutes du foir la lumiere paffoit par l'ex-trémité de l'aifle du Pégafe, par la conftellation d'Aries, & par la tefte de la Baleine; & elle alloit infenfiblement fe perdre dans le front du Taureau. Ainfi fa longueur depuis le Soleil paroiffoit de 87. degrez; & fa largeur, de 18.

Le 4. Mars à 7. heures 50. minutes la lumiere eftoit plus claire que d'ordinaire, mais elle ne paroiffoit pas s'étendre au-delà des pieds de devant d'Aries, & la partie que l'on en voyoit paroiffoit plus large que longue. Les derniéres obfervations comparées enfemble font pa-roiftre une grande irrégularité dans l'extenfion apparente de cette lu-miere.

Le 7. Mars, aprés le paffage du grand Chien par le Méridien, on voyoit la lumiere étenduë fur la queuë du Poiffon Auftral, fur le lien des Poiffons, fur la tefte de la Baleine, & fur la conftellation d'Aries dont les cornes eftoient à fon extrémité boréale, & l'étoile qui eft fous l'œil de la Baleine, à fon extrémité auftrale. Elle paffoit par les Pléïades, & fe terminoit infenfiblement aux étoiles qui font dans le col du Tau-reau, & un peu aprés elle fembloit s'étendre jufqu'à la voye de lait. Dans cette derniére obfervation fa longueur depuis le Soleil eftoit de 90. degrez, & fa largeur fur la conftellation d'Aries & de la Baleine, de 19 à 20. degrez.

Le 8. Mars à 7. heures & demie du foir la lumiere eftoit fort large

N

prés de l'horizon. Du costé du Septentrion elle approchoit de la teste d'Andromede : elle comprenoit le lien des Poissons, & toute la constellation d'Aries. Les deux étoiles qui composent la premiere de cette constellation estant vûës par une lunette de 34. pieds paroissoient parfaitement rondes & bien terminées, & éloignées l'une de l'autre de trois de leurs diamettres. Elles estoient dans le mesme cercle de déclinaison, suivies d'une petite étoile qui passoit 15. secondes aprés la derniére de ces deux étoiles. Pour ce qui est de l'étoile de la Baleine vûë par la mesme lunette, elle paroissoit un peu longue, & estoit suivie d'une petite étoile plus méridionale d'une minute & demie, qui passoit 7. secondes aprés elle.

Le 10. Mars à 7. heures & demie la lumiere dont la largeur comprenoit 23. degrez, estoit entre l'étoile luisante d'Aries & la queuë de la Baleine. Sa longueur arrivoit à l'oreille boréale du Taureau ; & prise depuis le Soleil, elle estoit de 80. degrez.

Le 14. Mars à 8. heures du soir le ciel estant couvert du costé d'Orient, & découvert du costé d'Occident, on voyoit la lumiere comme une fumée blanche qui passoit sur la constellation d'Aries, & par les Pleïades. La voye de lait du mesme costé paroissoit aussi comme une fumée, & l'une & l'autre estoient fort éclatantes.

Le 31. Mars à 8. heures du soir la lumiere passoit par la constellation d'Aries, & par celle du Taureau au-delà de son oreille boréale. Du costé du Septentrion elle rasoit le triangle & le pied méridional de Persée, & du costé du Midi elle rasoit les étoiles qui sont sur la cuisse du Taureau. Sa largeur en cét endroit estoit de 27. degrez.

Le 1. Avril à 9. heures & un quart du soir la lumiere passoit entre le pied méridional de Persée & le genou du Taureau. Sa largeur estoit de 24. degrez, & en longueur elle s'étendoit jusqu'à la voye de lait, avec laquelle elle se confondoit.

Aprés ces observations que la longueur des crépuscules a obligé d'interrompre, on a entendu parler de divers globes de feu qui ont paru au ciel en France, en Allemagne, en Hongrie, & en Sicile. Comme Kepler dans son Traité des Cometes n'a pas cru devoir passer sous silence ces sortes d'apparences dont il avoit entendu parler, il ne sera pas hors de propos de parler icy de quelques-uns de ces feux qui ont esté vûs à Paris & aux environs.

Il en parut un à l'Observatoire le 21. de May à 8. heures 40. minutes du soir à l'Ouëst avec un peu de déclinaison vers le Sud, à la hauteur de 30. degrez sur l'horizon, sa grandeur apparente estant un peu moindre que celle de la lune. Ce feu s'arresta quelques secondes à cette hauteur, & en suite il se divisa en plusieurs parties qui s'écartérent de toutes parts, comme font les fusées lors qu'elles crévent en l'air. Des personnes qui alloient à Versailles l'observérent en mesme

temps & de la mesme maniére en passant par Giroflay. Il parut devant
eux du costé de Versailles, c'est à dire à l'Occident, comme à l'Observatoire, & il devoit paroistre plus élevé à cause de la parallaxe. Cependant autant qu'on a pu juger par une estime grossiere, ils ne l'auroient
pas pu voir commodément du fonds d'un carosse, comme ils firent,
s'il avoit esté élevé plus de 40. degrez sur l'horizon, & par conséquent il pouvoit estre élevé sur la surface de la terre presque du dou-
ble de la distance entre l'Observatoire & Giroflay, qui est de trois lieuës.

Il parut un autre globe semblable le 25. de May vers les 9. heures
du soir prés de Maintenon, qui avoit son cours assez viste d'Orient en
Occident; & dans une demy-minute de temps, ou à peu prés, il passa
depuis la lune qui estoit au 19. degré du Scorpion, jusqu'à Saturne qui
estoit au 6. degré de la Balance. Il estoit à sa fin lors que je fus appellé
pour le voir.

On eut peu aprés de plusieurs Provinces diverses relations d'autres
globes semblables qui y avoient paru en divers autres jours du mesme mois, & il n'y a point de mémoire qu'on en ait vû un si grand
nombre en si peu de temps.

Observations du Crépuscule Solsticial de cette année 1687.

XXXVII. Au Solstice d'Esté de cette année 1687. la lune approchant de son plein, toute la nuit estoit si claire que les plus petites
étoiles estoient toutes effacées; de sorte que l'on ne pouvoit presque
distinguer la voye de lait. On voyoit neanmoins du costé du Septentrion une lumiere beaucoup plus claire que le reste du ciel laquelle
suivoit le Soleil d'Occident en Orient, & ne s'effaça pas entierement,
mesmes lorsque la lune fut pleine : mais vers la fin du mois de Juin,
quand la lune commença de se lever deux heures aprés le coucher du
Soleil, on voyoit distinctement la voye de lait avant que la lune fust
levée ; & aprés qu'elle estoit un peu élevée sur l'horizon, la voye de lait
s'effaçoit, mais la lumiere du costé du Septentrion se voyoit encore,
quoy-que plus foiblement. Au commencement de Juillet, lorsque la
lune ne se levoit que vers le minuit, la lumiere septentrionale estoit
fort blanche le long de l'horizon jusqu'à 11. heures du soir ; & de là
jusqu'à minuit il paroissoit au Septentrion une lumiere plus foible qui
se mesloit ensuite avec celle de la lune qui se levoit.

Aprés le 2. de Juillet, quand la lune ne se leva qu'aprés minuit, la
lumiere septentrionale parut encore plus blanche jusqu'à 11. heures :
mais en suite elle s'affoiblit en sorte que sur le minuit il y avoit peu
de différence entre la clarté qui estoit au Septentrion & celle que la
lune commençoit de faire paroistre à l'Orient avant son lever.

Les jours suivans jusqu'au 10. de Juin, quand la lune ne se levoit
que fort tard, cette lumiere septentrionale se voyoit à minuit entre les

pieds de devant de la grande Ourſe & la Chévre, qui eſtoient preſque à égale diſtance du Méridien, l'une du coſté d'Occident, l'autre du coſté d'Orient : elle formoit comme un arc qui ſe perdoit inſenſiblement à une hauteur égale à celle de ces aſtres.

On peut douter ſi cette lumiere eſtoit celle du Crépuſcule ordinaire ſimple, ou ſi elle eſtoit meſlée de la lumiere Zodiacale, qui le plus ſouvent a beaucoup de latitude boréale : c'eſt ce que l'on ne ſçauroit déterminer que par les hypotheſes.

La meſme lumiere qui dans ce climat vers le Solſtice d'Eſté ſuit le mouvement du ſoleil aprés qu'il eſt couché, & allant d'Occident en Orient le long de l'horizon ſe trouve au Nord à minuit & continuë ſon mouvement vers le Nordeſt, ſemble avoir eſté obſervée par Hipparque, qui ſelon Strabon au 2. livre de ſa Géographie avoit remarqué que cela arrive vers le Boriſtene, & dans la Gaule Celtique où nous ſommes, où il dit qu'en eſté pendant toute la nuit on voit la lumiere du Soleil qui tourne d'Occident en Orient. Ptolomée donne 49. degrez de latitude à Boriſtene, ville prés de l'embouchûre du fleuve du meſme nom, appellée autrement Olbia ; & cette latitude n'eſt différente que de 9. minutes de celle que nous trouvons à Paris, de ſorte que Paris & Boriſtene ſont à peu prés ſous le meſme parallele. Xylander fait deux fautes dans ſa traduction de Strabon : l'une eſt, qu'au lieu de traduire ὸ φῶς τῦ ἡλίυ, *lumen ſolis*, il met *ſolem*, comme ſi le ſoleil meſme ſe voyoit toute la nuit dans ce climat en Eſté ; l'autre, qu'au lieu de traduire ἀπὸ τῆς δύσεως ἐπὶ τὴν ἀνατολὴν, *ab occaſu in ortum*, il dit *ab ortu in occaſum*, ce qui donne une idée toute différente de ce phénomene que l'on voit s'avancer le long de l'horiſon ſeptentrional d'Occident en Orient. Selon nos obſervations on le voit à Paris depuis le commencement de Juin juſqu'au 10. de Juillet, qui eſt tout le temps pendant lequel le centre du ſoleil ne deſcend pas icy à minuit de plus de 19. degrez ſous l'horizon, & qui eſt auſſi le terme qu'Alhazen & Vitellion ſuivis par pluſieurs Aſtronomes donnent au cercle des Crépuſcules, quoy-que d'autres l'étendent un peu plus ou un peu moins. On le diſtingue mieux en l'abſence de la lune, dont la préſence, particuliérement dans ſon plein, éclairant l'hémiſphere ſuperieur, empeſche de diſtinguer ſi nettement ſa lumiere de celle du Crépuſcule. Comme ceux qui ont meſuré la longueur des Crépuſcules n'ont pas pris aſſez de précaution pour les diſtinguer des autres lumieres, & particuliérement de la noſtre, qui peut avoir eſté viſible au temps de leurs obſervations & avoir eſté confonduë avec celle des Crépuſcules ; leur meſure n'eſt pas certaine. On pourra meſurer ces Crépuſcules avec plus de certitude par les obſervations que nous avons faites pluſieurs fois de l'heure & de la minute que nous les avons vû commencer. Pluſieurs Obſervations faites au temps de l'année que le Crépuſcule a paru évidemment

demment diftingué de noftre lumiere, nous ont donné la profon-
deur du cercle des veritables Crépufcules de 17. degrez fous l'horifon.

Strabon parle encore de la lumiere nocturne du Solftice d'Efté
dans noftre climat vers la fin du mefme Livre fecond, en des termes qui font douter fi cét Auteur n'a pas eû quelque connoiffance
de noftre lumiere.

Ceux qui font éloignez, dit-il, de Bizance de 3800. ftades, ont «
les jours du Solftice d'Efté de 16. heures équinoctiales, & ont la con- «
ftellation de Caffiopée dans leur cercle arctique (qui eft celuy qui rafe «
l'horifon.) Ces lieux font autour de Boriftene & des parties auftra- «
les des Palus Méotides, éloignez de l'équateur d'environ 34100. fta- «
des, (qui, felon Strabon, Hipparque & Eratoftenes, font 48. degrez
43. minutes,) & en efté pendant les nuits prefqu'entieres l'endroit de
l'horifon qui eft du cofté du Septentrion, eft éclairé du foleil par fa «
lumiere qui tourne d'Occident en Orient. Car le tropique d'efté s'y «
abaiffe fous l'horifon d'un demy figne, & d'une douziéme partie d'un «
figne, (qui font en tout 17. degrez & demy) & il faut que le foleil «
s'y abaiffe tout autant fur le minuit; & mefme dans noftre païs, ajoû- «
te Strabon, le foleil qui eft fi éloigné de l'horifon, avant le Crépufcule «
du matin & aprés celuy du foir, éclaire l'air du cofté d'Occident ou «
du cofté d'Orient. Au refte, en ces païs-là le foleil ne s'éleve aux «
jours d'hyver tout au plus que de neuf coudées. Une coudée felon la «
mefure des anciens fait dans le ciel 2. degrez, comme il paroift par ce
lieu de Strabon, & par divers autres que nous avons éxaminez; de forte
que 9. coudées font 18. degrez, qui eft la hauteur apparente du bord
fupérieur du foleil que nous obfervons à Paris au midy du Solftice
d'hyver.

Ce que Strabon dit de l'air éclairé par le foleil dans fon climat
avant le Crépufcule du matin & aprés celuy du foir, du cofté d'O-
rient ou d'Occident, paroift eftre quelque chofe de différent des Crépufcules, comme l'eft noftre lumiere; ce qui donne lieu de douter fi
cét Auteur n'en auroit pas vû quelque veftige.

Des Crépufcules d'Efté dans les païs Septentrionaux.

XXXVIII. L'Auteur de la relation du Groenland cité par
M. Gaffendi au tome 2. page 100. parle à la page 99. d'une lumiere
remarquable que l'on y voit du cofté du Septentrion pendant les
nuits d'efté, en ces termes: L'efté du Groenland eft toûjours beau jour «
& nuit, fi l'on doit appeller nuit ce Crépufcule perpetuel qui y oc- «
cupe en efté tout l'efpace de la nuit. Comme les jours y font tres- «
courts en hyver, les nuits en récompenfe y font tres-longues, & la «
nature y produit une merveille que je n'oferois vous écrire, fi la «

O

» Chronique Iſlandoiſe ne l'avoit écrite comme un miracle. Il ſe leve
» en Groenland une lumiere avec la nuit, lorſque la lune eſt nouvelle
» ou ſur le point de le devenir, qui éclaire tout le païs, comme ſi la
» lune eſtoit en plein ; & plus la nuit eſt obſcure, plus cette lumiere
» luit. Elle fait ſon cours du coſté du Nord, à cauſe dequoy elle eſt
» appellée lumiere Septentrionale : elle a le regard d'un feu volant,
» & s'étend en l'air comme une haute & longue paliſſade. Elle paſſe
» d'un lieu à l'autre, & laiſſe de la fumée aux lieux qu'elle quitte : elle
» dure toute la nuit, & s'évanouït au ſoleil levant.

Cét Auteur ajouſte que cette lumiere Septentrionale ſe voit clairement en Iſlande, & en Norvége, lorſque le ciel eſt ſerein, & que la
nuit n'eſt troublée d'aucun nuage ; qu'elle n'éclaire pas ſeulement les
peuples de ce monde arctique, mais qu'elle s'étend juſqu'à nos climats ; & il croit que cette lumiere eſt la meſme qui a eſté obſervée
par M. Gaſſendi le 13. Septembre 1621. & décrite dans la vie de
M. de Peireſc, & ailleurs appellée l'Aurore Boréale.

Mais ce phénomene obſervé par M. Gaſſendi, comme il paroiſt
par ſa deſcription, eſt un météore rare, accompagné d'une diverſité
d'apparences qui ne conviennent point au Crépuſcule d'eſté, ayant
eſté obſervé au mois de Septembre ; ni à noſtre phenomene, qui
en ce temps-là de l'année ne paroiſt point au Septentrion, comme
celuy de M. Gaſſendi, mais s'étend du Sudeſt vers le Midy, comme
il paroiſt par les obſervations de l'année 1685. & 86. que nous avons
rapportées.

Ce phénomene du Groenland pourroit donc pluſtoſt eſtre le Crépuſcule meſlé de noſtre lumiere, qui eſt plus éclatante lorſque la lune
ne paroiſt point.

On a pourtant vû anciennement d'autres lumieres qui ont plus de
rapport à l'aurore boreale qu'à la noſtre.

Calviſius en l'année 992. rapporte que la nuit de Noël il parut du
coſté du Septentrion une lumiere ſi grande, qu'elle paroiſſoit eſtre
celle du jour. C'eſtoit prés du Solſtice d'hyver, quand le ſoleil s'ab-
baiſſe plus profondément ſous l'horiſon, & qu'il eſt plus éloigné de
faire les Crépuſcules du coſté du Septentrion : c'eſtoit auſſi le temps
de l'année auquel noſtre lumiere paroiſt le matin étenduë du Sudeſt
vers le Midy, & le ſoir du Sudoueſt vers le Midy, bien loin de paroiſtre du coſté du Septentrion.

Pline au chap. 33. du livre 2. de l'Hiſtoire naturelle, dit que ſous
le Conſulat de Caïus Cecilius, & de Gneïus Papirius, qui fut 111. ans
avant l'époque de JESUS-CHRIST, on vit une lumiere du ciel
pendant la nuit, & qu'on l'a remarquée diverſes autres fois ; de ſorte
qu'il ſembloit qu'il y eût pendant la nuit une eſpece de jour. Mais
comme il ne dit pas en quel endroit du ciel cette lumiere parut, ni

en quel temps de l'année, on ne sçauroit dire si cette lumiere se peut
réduire à une de ces trois especes dont nous venons de parler. La
noftre jufqu'à prefent ne nous a jamais paru si vive, qu'elle faſſe l'apparence du jour, & on ne la voit jamais mieux que quand les petites
étoiles paroiſſent.

Obſervations faites pendant l'Eſté & l'Automne de l'an 1687.

X X X I X. Quoy qu'au mois de Juillet j'aye cherché au matin, lorfque la lune n'eſtoit point fur l'horifon, si je ne pourrois
point diftinguer la lumiere ; je ne pus rien voir qui fuſt évidemment
différent de la voye de lait fur laquelle elle devoit tomber entre le
Taureau & les Jumeaux. Il eſt vray qu'il y avoit de la clarté du coſté
du Septentrion ; mais je doutois si elle n'appartenoit point au Crépufcule qui devoit bientoft paroiſtre. Seulement le 14. de Juillet à
1. heure du matin je vis les Pleïades dans une blancheur qui fembloit
augmenter la largeur de la voye de lait, laquelle paroiſſoit diftinctement.

Le 11. d'Aouſt à 2. heures 20. minutes du matin, la conftellation
des Jumeaux eſtoit toute dans la lumiere, qui fembloit auſſi augmenter la largeur de la voye de lait, à laquelle elle fe joignoit aux pieds
des Jumeaux. J'eus quelque foupçon qu'il en paſſoit un rayon entre
les cornes du Taureau ; mais cela n'eſtoit pas aſſez évident.

A 2. heures 24. minutes le Crépufcule commençoit, & la lumiere
s'effaçoit.

Le 14. d'Aouſt à deux heures & un quart du matin, la mefme apparence que j'avois obſervée entre les cornes du Taureau fe voyoit
encore. J'y dreſſay la lunette, & j'y trouvay quantité de petites étoiles qui en pouvoient eftre la caufe.

Le 18. d'Aouſt depuis deux heures jufqu'à trois & demie du matin,
le ciel eſtant couvert du coſté d'Orient, il faifoit des éclairs si frequens de ce coſté-là, que j'en comptois 50. & quelquefois 60. en
une minute.

Le 30. d'Aouſt le matin à une heure & demie, l'horifon oriental
entre les Tropiques eſtoit éclairé comme dans le Crépufcule : je crus
que ce pouvoit eftre des vapeurs éclairées de la lune.

Le 4. Septembre à 2. heures 28. minutes du matin la lumiere paroiſ-
foit fur la poitrine des Jumeaux. A 2. heures 31. minutes la lune fe levoit ; & comme elle eſtoit fur la fin du decours, elle n'effaçoit pas la
lumiere qui s'étendoit un degré & demy au-delà vers le Septentrion,
& de ce coſté-là elle laiſſoit les deux teftes des Jumeaux, & alloit s'u-
nir à la voye de lait au plus Septentrional de leurs pieds. Le coſté
méridional de la lumiere paſſoit par le point qui fait un triangle

équilateral, avec les deux claires du petit Chien du cofté du Septentrion, & par le pied luifant des Jumeaux. Si l'on avoit continué les
deux coftez de la lumiere par la voye de lait, ils fe feroient unis au-delà
de la corne auftrale du Taureau, où la lumiere ne paroiffoit point.
Elle eftoit un peu plus claire que la partie de la voye de lait qui eftoit
audeffus de l'endroit où elle la rencontroit. Le petit Chien eftoit dans
un efpace bleu compris entre la blancheur de la lumiere d'un cofté,
& la voye de lait de l'autre. Le cofté méridional fembloit aller en
ferpentant, peut - eftre à caufe d'une traifnée d'étoiles qui s'y trouvoit. Les genoux des Jumeaux eftoient dans l'axe de la lumiere.

Le 7. Septembre à 2. heures du matin la lumiere s'étendoit fur le
corps des Jumeaux, & fe joignoit à la voye de lait aux pieds fepten-
trionaux de cette conftellation.

A 2. heures & un quart tout le ciel fe couvrit.

Le 10. Septembre à une heure du matin la lumiere fe voyoit fur
les Jumeaux, dont la tefte méridionale eftoit au bord feptentrional
de la lumiere. Elle fembloit paffer au-delà de la voye de lait fur la
corne méridionale du Taureau; de forte que fa longueur depuis le
foleil auroit efté de 92. degrez. L'horifon du cofté d'Orient eftoit
couvert de nuages qui empefcherent de voir le refte de la lumiere.
A 2. heures & demie le petit Chien eftoit découvert, & on voyoit à
cofté de luy vers le Septentrion un nuage fort éclairé.

Le 12. Septembre la lumiere s'étendoit fur le ventre & fur la poitrine du Lion, fur l'Ecreviffe, & fur la poitrine des Jumeaux, où elle
fe terminoit; de forte que fa longueur n'eftoit que de 55. degrez. Le
cofté feptentrional paffoit entre la moyenne & la plus boréale du
col du Lion, & fe recourboit un peu fur l'Ecreviffe. Il y avoit du cofté
du Midy des nuages qui empefchoient de déterminer fes bornes : on
la voyoit néanmoins de ce cofté - là étenduë deux ou trois degrez
au-delà du cœur du Lion.

A 4. heures 11. minutes le Crépufcule paroiffoit le long de l'horifon, & la lumiere commençoit à s'effacer.

Le 16. Septembre à une heure & un quart la lumiere paffoit par la
poitrine des Jumeaux, & fe terminoit à leurs pieds, où elle avoit une
grande largeur. Un peu aprés le ciel fe couvrit.

Le 17. Septembre à la mefme heure je vis la lumiere au mefme
endroit, & elle continua de paroiftre autant de temps que le jour précédent, le ciel s'eftant auffi couvert un peu aprés.

Le 19. Septembre à 4. heures du matin la lumiere s'étendoit fur le
Lion & fur l'Ecreviffe, & fe terminoit à l'étoile de la poitrine des
Jumeaux. Le cœur du Lion eftoit prefqu'au milieu de fa largeur : fon
cofté feptentrional paffoit par les étoiles du col de Lion, & le méridional prés de la tefte de l'Hidre.

Le

Le 20. Septembre à 3. heures & trois quarts, quoy-que la lune fuſt encore ſur l'horiſon, & qu'on euſt de la peine à diſtinguer la voye de lait, on voyoit la lumiere ſur le Lion & ſur l'Ecreviſſe, le cœur du Lion diviſant inégalement ſa largeur, dont la plus grande partie qui eſtoit du coſté du Septentrion raſoit la luiſante du col, & l'autre partie du coſté du Midy la patte précédente du Lion.

A 4. heures la lune ſe coucha, & aprés qu'elle fut entiérement couchée, la lumiere paroiſſoit plus claire ſur le Lion, quoy-que la voye de lait à la meſme hauteur ne paruſt preſque point. Sa longueur ſe terminoit inſenſiblement aux genoux des Jumeaux, de ſorte que depuis le ſoleil elle eſtoit de 80. degrez.

A 4. heures 24. minutes le Crépuſcule commençoit, & occupoit l'arc de l'horiſon compris entre l'Eſt & le Nordeſt.

A 4. heures 43. minutes la lumiere ne ſe diſtinguoit plus. Elle ceſſa de paroiſtre entre le cœur & la queuë du Lion.

Le 3. Octobre à 2. heures du matin on voyoit ſur le col du Lion un peu de lumiere qui alloit juſqu'à l'Ecreviſſe, mais elle eſtoit foible.

A 3. heures 48. minutes la lumiere eſtoit aſſez claire entre le cœur du Lion qui eſtoit à ſon bord méridional, & la luiſante du col qui eſtoit à ſon bord ſeptentrional, & elle alloit juſqu'à l'Ecreviſſe. Enſuite la lune parut, & ſa lumiere ſe confondoit avec l'autre.

Le 8. d'Octobre à 3. heures du matin la lumiere parut fort claire ſur la conſtellation du Lion, dont le cœur la diviſoit inégalement, de ſorte qu'un tiers eſtoit du coſté du Midy, & les deux autres tiers du coſté du Septentrion. Les pieds du Lion eſtoient à ſon terme méridional, & la moyenne du col à ſon terme Septentrional, ainſi ſa largeur eſtoit de 14. degrez.

A 4. heures & demie la clarté au deſſous du cœur du Lion eſtoit tres-grande, & la largeur de cette grande clarté eſtoit de 12. degrez. Il y avoit des nuages deſſus & deſſous qui empeſchoient de voir les bornes de ſa longueur, mais à 4. heures 40. minutes on vit qu'elle ne paſſoit pas au deſſus du cœur du Lion.

Le 10. Octobre à 4. heures & demie du matin la lumiere paroiſſoit ſur le Lion, & ſur la teſte de la Vierge : la plus grande clarté eſtoit depuis le cœur du Lion, ou un peu plus bas, juſqu'à l'horiſon ou fort prés de l'horiſon. Ce qui reſtoit au deſſus du cœur du Lion eſtoit fort douteux.

Le 12. Octobre, eſtant au village appellé le Tremblay, à 4. lieuës de Paris au Nordeſt, je vis à trois heures du matin la lumiere fort foible ſur le Lion ; mais la partie de la voye de lait qui eſtoit à la meſme hauteur ne paroiſſoit auſſi que foiblement. A 5. heures la partie orientale du ciel eſtoit couverte de brouïllards.

Le 15. d'Octobre à une heure & trois quarts du matin, à l'Obſerva-

toire, la lumiere ſe voyoit foiblement ſur le col du Lion & ſur l'Ecreviſſe, dont les étoiles les plus luiſantes paroiſſoient à ſon terme méridional, & elle ſembloit s'étendre preſque juſqu'à la teſte méridionale
des Jumeaux. La partie plus évidente ſe terminoit à un degré & demy
de l'Ecreviſſe. A 2. heures le cœur du Lion paroiſſoit à un tiers de la
largeur de la lumiere, qui s'étendoit juſqu'à l'étoile la plus claire du
col.

A 3. heures 40. minutes la lumiere eſtoit fort claire au deſſous du
cœur du Lion, juſqu'à un degré de hauteur ſur l'horiſon. Elle paroiſſoit un peu concave du coſté du Midy, & plus convexe du coſté du
Septentrion.

A 4. heures & un quart le terme auſtral de la lumiere eſtoit preſque perpendiculaire à l'horiſon, & le boréal eſtoit incliné vers le
Midy.

Le 2. Novembre à 5. heures du matin M. Cuſſet vit la lumiere deſſous le cœur du Lion. Il apperceut auſſi Saturne qui parut pour la premiere fois aprés ſa ſortie des rayons du ſoleil, & qui eſtoit au bord
méridional de la lumiere.

Le 4. Novembre à 3. heures & trois quarts du matin la lumiere
parut ſur la conſtellation de la Vierge : elle ſe terminoit inſenſiblement & en pointe à l'étoile qui eſt dans la cuiſſe du Lion la plus
proche de l'écliptique. L'étoile ſeptentrionale dans la ceinture de la
Vierge eſtoit à ſon bord ſeptentrional ; & méridionale eſtoit éloignée un degré & demy de ſon bord méridional. Elle paroiſſoit un
peu concave du coſté du Midy, & convexe du coſté du Septentrion.

A 5. heures 30. minutes Saturne parut au milieu de la largeur de la
lumiere, l'épy de la Vierge eſtant prés de ſon terme méridional.

A 5. heures 37. minutes le Crépuſcule commença de s'étendre le
long de l'horiſon.

Le 14. Novembre à 4. h. ½ on voyoit la lumiere ſur la partie de la
conſtellation de la Vierge qui eſtoit ſur l'horiſon : elle ſe terminoit à
la jambe occidentale du Lion prés de l'écliptique, ou un peu plus loin
vers le ventre. La ſeptentrionale de deux étoiles claires dans la ceinture de la Vierge eſtoit au coſté ſeptentrional : la méridionale eſtoit
preſque dans le milieu de ſa largeur, ou un peu plus prés du coſté méridional. Proche l'horiſon la lumiere s'étendoit du coſté du Septentrion juſqu'au genouil ſeptentrional de la Vierge.

A 4. heures 38. minutes Saturne parut prés du milieu de la lumiere ;
& un peu aprés l'épy de la Vierge s'eſtant levé, parut dans la lumiere
prés de ſon coſté méridional ou un demi-degré plus vers le Septentrion.

A 5. heures la partie de la lumiere qui comprenoit Saturne & l'épy
de la Vierge eſtoit beaucoup plus claire que la voye de lait : cette plus

grandé clarté n'arrivoit qu'à l'étoile méridionale de la ceinture de la Vierge. A 5. heures 48. minutes l'aurore commençant à paroiſtre, effaça peu à peu la lumiere.

Le 17. Novembre à 5. heures & un quart Saturne & l'épy de la Vierge ſe voyoient dans la lumiere qui eſtoit plus claire qu'ailleurs autour de ces deux aſtres. L'épy eſtoit au bord méridional où il y avoit une bréche. Saturne diviſoit la largeur de la lumiere inégalement, de ſorte qu'il y en avoit deux tiers du coſté du Midy, & un tiers du coſté du Septentrion. Sa longueur alloit ſe terminer inſenſiblement à la jambe du Lion prés de la teſte de la Vierge. A 5. heures 50. minutes l'aurore parut, & à 6. heures la lumiere commença à s'effacer.

Le 29. Novembre, aprés pluſieurs jours de mauvais temps le ciel s'eſtant éclairci, on commença de voir la lumiere le ſoir. Elle paroiſſoit à ſix heures ſur la conſtellation du Capricorne, dont elle comprenoit la teſte & la queuë, & elle ſe terminoit au dos d'Aquarius. Comme elle eſtoit foible & aſſez baſſe, on l'auroit pu prendre pour un brouïllard.

Le meſme ſoir on commença de voir la nouvelle étoile de la Baleine comme une des plus petites étoiles viſibles à la veüe ſimple.

Le 30. Novembre à 6. heures & demie du ſoir on vit la lumiere ſur le Capricorne comme le jour précédent, & les deux étoiles claires de la queuë eſtoient à ſon terme méridional plus éloignées de ſon extrémité orientale.

Le 4. Décembre à 6. heures & demie du ſoir la lumiere ſe détachoit de la voye de lait au deſſous du pied méridional d'Antinoüs, & s'étendoit ſur la conſtellation du Capricorne, dont les deux étoiles de la queuë eſtoient à ſon bord méridional ; & elle ſe perdoit inſenſiblement ſur le dos d'Aquarius. Sa longueur depuis le ſoleil eſtoit environ de 70. degrez ; ſa largeur prés de l'horiſon eſtoit de plus de 20. degrez.

Le 5. Décembre à 4. heures 40. minutes du matin le ciel s'eſtant découvert, Saturne parut dans la lumiere qui eſtoit aſſez claire au deſſous juſqu'à l'horiſon, mais au deſſus de Saturne elle eſtoit foible, & ne paſſoit pas la ceinture de la Vierge : ainſi ſa longueur depuis le ſoleil pouvoit eſtre de 70. degrez, égale à peu prés à la longueur qu'elle avoit paru avoir le ſoir précédent du coſté oppoſé : ainſi toute la longueur de la lumiere entre ſon extrémité orientale qui avoit paru le ſoir, & l'occidentale qui paroiſſoit le matin, eſtoit environ de 170. degrez. A 5. heures le ciel ſe couvrit de nouveau.

Le 7. Décembre à 3. heures & trois quarts du matin on voyoit un peu de lumiere foible qui ſe terminoit à la ceinture de la Vierge. Au deſſous il y avoit des nuages en mouvement qui couvroient, & laiſſoient voir à diverſes repriſes Saturne & l'épy de la Vierge dans la lumiere.

Un vent furieux d'Ouest poussoit des gouttes d'eau en abondance, quoy-que le ciel au Zenit & à l'entour fust découvert. A 5. heures & un quart le ciel s'estant découvert prés de l'horison, on voyoit la lumiere fort claire sur la constellation de la Balance. A 5. heures & 50. minutes, Saturne, l'épy de la Vierge, & Venus s'estant découverts, on vit la lumiere fort claire depuis Venus jusqu'à Saturne. A 6. heures tout le ciel se couvrit.

Le 28. Décembre à 6. heures & un quart du soir on voyoit la lumiere étenduë sur la constellation du Capricorne & sur celle d'Aquarius. Son costé septentrional laissoit au Septentrion la constellation d'Antinoüs, & passoit par l'épaule occidentale d'Aquarius & par son coude oriental, & se terminoit insensiblement prés du Poisson occidental, qui estoit à l'Orient de la lumiere. La queuë du Capricorne, la cuisse d'Aquarius, & les premieres étoiles qui sont dans l'eau d'Aquarius prés de l'écliptique, estoient à son terme méridional : d'où il paroist que l'écliptique divisoit la largeur de la lumiere inégalement : de sorte que sa plus grande partie estoit du costé du Septentrion ; ce qui arrive le plus souvent. Sa longueur depuis le soleil estoit à peu prés de 66. degrez, & sa largeur prés de l'horison plus de 20. mais elle n'estoit pas bien claire.

Observations de 1688.

XL. Le 6. Janvier à 5. heures & trois quarts du matin la lumiere ne paroissoit que foiblement à l'Orient, où il y avoit des brouïllards prés de l'horizon ; & elle ne s'étendoit que jusqu'à Venus qui estoit éloignée du soleil de 45. degrez.

Le 7. Janvier à 5. heures & un quart du matin, quoy-que le ciel fust serein, on ne distinguoit à l'Orient qu'une lumiere tres-foible & ambiguë sur le Scorpion, laquelle se confondoit avec celle de Venus.

Le 15. Janvier à 5. heures ½ du matin, quoy-que le ciel fust serein, on ne distinguoit point la lumiere à l'Orient.

Le 30. Janvier à 6. heures & trois quarts du soir, on voyoit la lumiere sur le Poisson austral d'une clarté extraordinaire, & beaucoup plus grande que la voye de lait : elle sembloit avoir des rayons tout autour, à cause de plusieurs petits nuages qui l'environnoient, & en couvroient diverses parties. Elle passoit du costé du Septentrion sur le col de Pegase ; & prés de son aîle australe du costé du midy, elle approchoit des petites étoiles qui sont dans la queuë de la Baleine.

Sa partie plus claire approchoit de Mars, où elle s'affoiblissoit, & d'où elle sembloit envoyer un rayon tres-foible jusqu'aux Pleïades.

Comparaison de cette lumiere avec divers autres Phenomenes.

XLI. Aprés cinq années d'observation nous ne sçaurions encore
regarder

regarder fans admiration un phénomene d'une fi grande étenduë &
d'une fi longue durée. On le jugeroit une autre voye de lait, tant il luy
reffemble : & comme il y en a une qui eft formée d'une multitude innombrable de petites étoiles fixes, qu'on ne diftingue pas à la veüe fimple, mais dont le nombre paroift par la lunéte d'autant plus grand que
les lunétes font plus grandes, & plus excellentes, d'où il eft aifé de juger
qu'il y en a encore d'autres que l'on n'apperçoit pas ; on diroit qu'il y
en a une autre formée d'une multitude innombrable de petites planétes, dont l'amas confus peut former l'apparence de la lumiere que
nous voyons étenduë felon la longueur du Zodiaque, qui eft la route
ordinaire des planétes, & où nous voyons que cette lumiere fait fon
mouvement annuel diverfifié de beaucoup d'irrégularitez comme celuy de Mercure & de Venus : car ces planétes fuivent le mouvement
annuel du foleil, mais en forte qu'elles varient de jour à autre leur diftance entr'elles & avec le foleil, tantoft le devançant, & tantoft le fuivant de loin. Ainfi toutes les hypothefes différentes qui ont efté in-
ventées pour expliquer les mouvemens apparens de ces deux planétes
par Ptolomée, par Copernic, & par Tycho, pourroient fervir à expliquer les mouvemens des petites planétes capables de former l'apparence de cette lumiere & les irrégularitez que l'on y trouve d'un jour à
l'autre & quelquefois dans la mefme heure.

Il eft vray qu'une partie de ces irrégularitez eft fimplement apparente, & qu'elle eft caufée tantoft par la différente diftance du Crépufcule ; tantoft par divers degrez de la ferénité de l'air troublée quelquefois par des brouillards & par de petits nuages difperfez inégalement
que l'on ne diftingue pas toûjours la nuit, fi ce n'eft par les effets lorf-
qu'ils nous cachent quelque étoile, ce que nous avons veû arriver quelquefois lorfque le ciel paroiffoit également ferein ; tantoft par le mélange de la lumiere de la lune, ou de quelques-unes des étoiles plus lu-
mineufes ; quelquefois par la différente clarté de diverfes parties du ciel
parfemées d'étoiles imperceptibles qui font en plus grand nombre en
un endroit qu'en un autre ; ou enfin par le concours de plufieurs de ces
caufes : mais cela n'empefche pas qu'il n'y puiffe refter encore d'autres
inégalitez dépendantes du mouvement des corps qui nous renvoyent
cette lumiere.

Nous n'avons pas manqué de chercher par la lunéte fi l'on n'apper-
cevroit pas dans cette lumiere quelqu'amas de petites étoiles fembla-
bles à celles que l'on trouve en divers endroits de la voye de lait. Nous
y en avons trouvé fouvent : mais on peut douter fi elles n'eftoient pas
de celles qui fe rencontrent fortuitement dans cette lumiere en divers
endroits du ciel : car il n'y a rien de plus difficile que d'entreprendre de
vérifier par les obfervations, fi ces petites étoiles éloignées d'autres plus
claires qui puiffent fervir de guide pour les reconnoiftre de nouveau,

Q

& avec lesquelles on les puiſſe comparer, demeurent toûjours préciſément dans les meſmes configurations, ou ſi elles ont quelques mouvemens particuliers. Témoin les grandes difficultez que nous avons eûës
à diſtinguer les quatre plus petits ſatellites de Saturne d'avec les petites étoiles fixes qu'il rencontre ſouvent dans ſon chemin, & le grand
nombre d'années qui ſe ſont écoulées depuis l'invention des grandes
lunétes capables de les découvrir, avant que perſonne les ait apper-
ceûës, nonobſtant qu'ils ſoient autour d'une planéte, qui par ſa confor-
mation admirable & ſinguliere, & par le changement perpetuel qu'elle
fait de ſes phaſes, s'attire les obſervations de tous les Aſtronomes.

Quelquefois en regardant attentivement cette lumiere par de grandes lunétes, nous y avons veû petiller comme de petites étincelles, mais
nous avons douté ſi cette apparence n'eſtoit point cauſée par la forte
application de l'œil, puiſque nous ne pouvions pas déterminer ni le
nombre, ni la configuration de ces atomes lumineux, & que ceux qui
obſervoient avec nous n'y diſtinguoient rien de plus fixe. Cela nous a
obligé de regarder par les meſmes lunétes ces étoiles nébuleuſes, qui
par les lunétes communes ne ſe voyent que comme de petits nuages,
comme eſt celle de la ceinture d'Andromede. Nous y avons trouvé
au milieu un amas plus denſe de ces petits points plus lumineux, qui
tous enſemble forment comme un noyau à cette étoile environnée de
la nébuloſité qui paroiſt ſeule par les lunétes communes. Nous diſ-
tinguions auſſi par la meſme lunéte dans la nébuloſité de l'épée d'O-
rion plus d'étoiles que l'on n'y en diſtinguoit par les autres ; & nous
ne ſçavons pas ſi on ne pourroit pas avoir des lunétes ſi grandes & ſi
excellentes que toute la nébuloſité de ces étoiles & d'autres ſemblables
ſe réſoluſt en de plus petites étoiles, comme il arrive à celles du Cancer
& de l'œil du Sagittaire.

Il y a auſſi dans la voye de lait des endroits lumineux où l'on ne diſtingue pas plus d'étoiles qu'en d'autres eſpaces égaux du ciel qui ne paroiſſent pas ſi lumineux ; d'où l'on peut juger que cette plus grande clarté vient des étoiles imperceptibles à nos lunétes. Quoy qu'il en ſoit,
nous n'avons pû verifier juſqu'icy par des obſervations évidentes, que
cette lumiere ſoit formée d'un grand nombre de planétes imperceptibles : mais nous ne manquons pas d'obſervations qui peuvent perſua-
der qu'elle le pourroit eſtre ſans que ces étoiles pûſſent eſtre apper-
ceûës par nos lunétes.

Comme la diſpoſition de cette lumiere ſelon la longueur du Zodiaque, qui eſt la route ordinaire des planétes ; ſon mouvement annuel
apparent, commun avec celuy des orbes de Venus & de Mercure ; &
ſes irrégularitez qui ſe peuvent comparer à celles de ces planétes, ont
ſuggeré cette penſée ; la rareté des planétes connuës juſqu'à préſent
nous rend retenus à en recevoir un auſſi grand nombre qu'il ſeroit

néceſſaire pour l'apparence de cette lumiere, & nous a obligé à chercher l'analogie que le ſujet de cette lumiere pouvoit avoir avec d'autres phénomenes qui nous ſont connus dans la nature.

Les queuës des Cométes font une apparence ſemblable à celle de
noſtre lumiere. Elles ſont de la meſme couleur : elles ſont étenduës en
long, quoy-que leur largeur n'approche pas de celle de cette lumiere :
elles ſont auſſi dirigées vers le ſoleil, & leur extrémité, qui eſt plus
éloignée de cét aſtre, paroiſt auſſi douteuſe, de ſorte qu'en un meſme
inſtant elles paroiſſent diverſement étenduës à diverſes perſonnes, eſtant de meſme variables ſelon les divers degrez de la clarté de l'air, & ſelon le mélange de la lumiere de la lune & des autres aſtres : on voit auſſi
au travers de ces queuës les plus petites étoiles fixes : de ſorte que par
tous ces rapports on peut juger que l'une & l'autre apparence peut
avoir un ſujet ſemblable. Mais il y a cette différence que les queuës des
Cométes ne ſont déterminées à aucune ſituation particuliere dans le
ciel : elles ſont étenduës indifféremment ſur toute ſorte de conſtellations, & dirigées tantoſt à une région, tantoſt à l'autre, quoy-qu'elles
ſoient toûjours oppoſées au ſoleil à l'égard de la teſte de la Cométe qui
peut avoir une tres-grande latitude de l'écliptique, de maniere que la
longueur de la queuë n'eſt diſpoſée ſelon le Zodiaque que quand la
teſte de la Cométe s'y trouve avec plus ou moins de latitude ſelon la
diverſe diſtance du ſoleil : au lieu que noſtre lumiere eſt toûjours étenduë ſur les conſtellations du Zodiaque. C'eſt ce qui nous a obligé de
conſiderer quelqu'autre phénomene qui fuſt déterminé à la meſme
ſituation, comme le ſont les planétes dont nous avons parlé.

Rapport de la ſituation de cette lumiere à celle des cercles des mouvemens céleſtes.

XLII. Nous nous ſommes appliquez à conſidérer les taches & les
facules du ſoleil que l'on voit faire leurs révolutions autour de ſon
globe par des cercles paralleles entr'eux, dont le plus grand, qui eſt la
régle des autres & l'équateur du globe ſolaire, décline environ de
7. degrez de l'écliptique. On conſidere communément l'écliptique
comme la ligne qui paſſe par le milieu du Zodiaque, auquel on donne
autant de largeur qu'il eſt néceſſaire pour contenir toutes les planétes
qui ne font pas leurs révolutions ſur une meſme ligne, mais ſur différentes inclinées les unes aux autres diverſement, & qui s'entrecoupent
en divers endroits.

Nous, qui ſommes habitateurs de la terre, comparons toutes ces dé-
clinaiſons & interſections à l'écliptique, ſur laquelle nous voyons que
ſe fait le mouvement apparent du ſoleil & qu'arrivent les éclipſes tant
du ſoleil que de la lune ; & c'eſt auſſi à cette ligne que nous comparons
les longitudes & les latitudes non ſeulement des planétes, mais auſſi

des étoiles fixes. Mais si nous estions dans le soleil, nous n'aurions pas sujet d'en user ainsi, & de prendre pour le milieu du Zodiaque plûtost l'écliptique, qui en ce cas nous paroistroit estre la route annuelle de la terre & de la lune, que l'orbite de quelqu'autre planéte comme celle de Venus, d'où les autres planétes dans leurs révolutions particulieres paroistroient moins décliner de costé & d'autre que de l'écliptique. Nous prendrions plûtost pour le milieu du Zodiaque l'équateur du globe du soleil, d'où les planétes plus proches, comme Venus & Mercure, déclinent fort peu, & les autres planétes plus éloignées du soleil, un peu plus, quoy-qu'il n'y ait pas toûjours une correspondance précise & uniforme entre les distances du soleil & leurs déclinaisons : ce que nous ferions avec d'autant plus de raison que le mouvement du soleil autour des poles de son équateur est censé estre le principe & la cause des mouvemens propres des planétes que le soleil feroit peut-estre mouvoir toutes sur le mesme plan, sans des causes particulieres difficiles à démesler, qui les obligent à en décliner un peu à diverses distances du soleil, les unes plus, & les autres moins.

Or l'hypothese la plus commune pour expliquer les taches & les facules du soleil, est qu'elles soient des exhalaisons qui s'élevent de sa surface, & qui participent au mouvement que le soleil fait autour de son axe, de la mesme maniere que les nuées s'élevent sur la surface de la terre, & participent à ses mouvemens : & il se pourroit faire que comme les exhalaisons que nous voyons dans le soleil s'arrestent prés de sa surface, il y en eust de plus subtiles chassées à une tres-grande distance par le mouvement mesme du soleil autour de son axe, & sur un plan perpendiculaire à l'axe de sa révolution, autant que la force de l'impression peut prévaloir aux obstacles des autres mouvemens qui les peuvent détourner. Comme l'Auteur du systême d'Aristarque dont nous avons parlé au nombre 17. ne fait point de difficulté de supposer que les exhalaisons subtiles de la terre s'élevent au dessus mesme de la lune, dont il croit que le mouvement propre dépend de celuy de la terre autour de son axe, quoy-qu'il se fasse autour d'un axe branlant, qui en divers temps décline diversement de l'axe de la terre depuis 18. jusqu'à 29. degrez ; on ne voit pas qu'il y ait plus de difficulté à supposer que des exhalaisons subtiles du soleil s'élevent jusqu'à la distance des planétes, dont le mouvement particulier est censé dépendre de celuy du soleil autour de son axe, à cause des proportions que l'on trouve entre les vîtesses de leurs mouvemens, & leurs divers éloignemens du soleil dont nous avons parlé au nombre 13. & du peu de déclinaison que les cercles des mouvemens des planétes ont de l'équateur & des paralleles du soleil, cette déclinaison n'estant tout au plus que de 7. à 8. degrez.

La disposition de cette lumiere sur ces signes du Zodiaque qui sont

parcourus

parcourus en mesme temps par Mercure & par Venus, quoy qu'elle ne soit pas toûjours visible du mesme costé du soleil où ces deux
planétes se trouvent, m'avoit donné lieu de conjecturer qu'elle estoit
répanduë particulierement sur leurs orbites. Une circonstance qui se
rencontra dans les premieres observations faites au mois de Mars
montroit sa situation si conforme à celle de l'orbite de Venus, qu'il
n'auroit pas resté aucun lieu de douter qu'elle ne s'y conformast toûjours, si aux autres temps de l'année elle eust fait des variations semblables à celles que l'on verroit arriver à cette orbite, si elle estoit visible.

Comme le nœud ascendant de Venus est vers le milieu du signe des
Jumeaux, sa plus grande latitude septentrionale est vers le milieu de la
Vierge vû du Soleil, qui au mois de Mars se rencontre dans la partie
inferieure de l'orbe de Venus la plus proche de la terre. De là vient
que Venus se joignant au Soleil dans la partie inferieure de son cercle au mois de Mars, a une latitude septentrionale beaucoup plus
grande que n'est la latitude meridionale qu'elle a, quand elle se joint
au Soleil au mesme mois dans la partie superieure de son cercle. Si
donc l'orbite de Venus estoit visible, elle paroistroit au mois de Mars
coupée inégalement par l'écliptique, de sorte que sa partie septentrionale paroistroit beaucoup plus large que la meridionale. Nostre
lumiere se voioit disposée de la mesme maniere dans nos premieres
observations du mois de Mars, estant alors divisée par l'écliptique, de
sorte que la plus grande partie de sa largeur s'étendoit du costé du
septentrion sur les constellations d'Aries & du Taureau, qui sont aussi
divisées inégalement par l'écliptique; la plus grande partie de leur
largeur s'étendant du costé du septentrion.

Mais au mois de Septembre l'orbite de Venus vûë de la terre a une
situation apparente toute contraire, à cause que sa plus grande déclinaison australe est alors dans la partie inferieure de son cercle. C'est
pourquoy la plus grande partie de sa largeur s'étend du costé du midy
à l'égard de l'écliptique, ce qui n'arrive pas à nostre lumiére, que nous
avons vûë au mois de Septembre tantost partagée également par l'é-
cliptique, tantost inégalement; de sorte qu'elle s'étendoit plus du
costé du septentrion, que du costé de midy. Ainsi il faut avoüer
qu'elle ne fait pas presentement toutes les mesmes variations apparentes que feroit l'orbite de Venus, si elle estoit visible : quoy qu'en
certains temps de l'année elle soit tres-conforme à sa situation.

Elle paroist aussi ordinairement mieux coupée du costé du midy
que du costé du septentrion, où son extremité se perd si insensiblement, qu'il est tres-difficile de la déterminer de ce costé-là. Quelquefois neanmoins nous avons observé le contraire.

Nous aurions souhaité d'avoir quelque observation de cette lumiere faite dans l'hemisphere meridional de la terre pour la comparer

R

avec les noſtres; mais juſqu'à preſent nous n'en avons pu avoir, ce qui nous oblige à ſuſpendre noſtre jugement ſur la cauſe de cette difference qui reſte en quelque endroit du ciel entre la ſituation apparente de cette lumiere, & celle des orbites des planétes qui font leurs revolutions autour du Soleil.

Obſervations de cette lumiere faites aux Indes orientales.

XLIII. Nous ſçavons pourtant que cette lumiere a eſté vûë aux Indes orientales à peu prés aux meſmes heures de nuit & de la meſme forme que nous l'avons obſervée à Paris. M. de la Loubere Envoyé du Roy à Siam, la remarqua pluſieurs fois aprés le crepuſcule du ſoir vers la fin de l'année 1687. Il la jugea beaucoup plus large que la Voye de lait, & il apprit de M. l'Eveſque de Metelopolis, qu'on la voyoit à Siam depuis 3, ou 4 ans. Le Pere Richaud dans les Obſervations imprimées par le P. Goüye, rapporte que non ſeulement on l'avoit obſervée à Siam l'an 1686 & 1687, mais qu'il l'avoit remarquée pluſieurs fois à Poudichery en 1690. Il dit qu'elle eſtoit fort large, qu'elle s'étendoit preſque le long de l'équateur, que peu aprés le coucher du ſoleil elle montoit plus de 20 degrez, qu'elle changeoit peu à peu de place, s'avançant un peu vers le Nord, à meſure que le ſoleil deſcendant plus bas ſous l'horizon s'en approchoit auſſi, & qu'elle ſe diſtinguoit encore à 9 heures du ſoir, le ſoleil s'eſtant couché un peu aprés 6 heures.

Il paroiſt par cette derniere circonſtance, qu'au temps de ces obſervations, qui n'eſt pas marqué, le ſoleil eſtoit dans les ſignes ſeptentrionnaux. Il pouvoit eſtre auſſi proche du ſolſtice d'eſté, auquel le ſoleil ſe couche à 6 heures & un tiers à Poudicheri, dont la latitude ſeptentrionale eſt de 11 degrez 53 minutes. La lumiere pouvoit donc eſtre preſque parallele à l'équateur, & en meſme temps étenduë ſur les ſignes du zodiaque, qui proche du ſolſtice ſont dans une ſituation preſque parallele à l'équateur. Ainſi, par les obſervations du Pere Richaud, la ſituation de cette lumiere à Poudicheri ne ſeroit pas fort differente de celle qui s'obſerve à Paris. Il auroit fallu obſerver les étoiles fixes par où elle paſſoit, pour pouvoir mieux comparer les ſituations obſervées de part & d'autre.

Le Pere Noël marque auſſi dans une lettre écrite de la Chine, que dans les lieux qui ne ſont pas fort éloignez de l'équateur, on voit pendant plus de deux heures aprés le coucher du ſoleil une lueur en forme de voye lactée, ou plûtoſt de queuë de Comete, qui s'étend à plus de 50 degrez. Je croy qu'on la pourra voir tous les mois de l'année proche de l'équateur, quand la lune eſt cachée ſous l'horizon juſqu'à deux ou trois heures aprés le coucher du ſoleil, & avant ſon lever. Les voyageurs y peuvent prendre garde, & la comparer avec les étoiles fixes par lesquelles elle passe, & avec celles qui se rencontrent dans son extremité septentrionale & meridionale.

Affoiblissement de la lumiere, & son retour à la première clarté.

XLIV. Dans la plufpart des observations de l'an 1688 dont j'ay rapporté les premieres au nombre 11, la lumiere me parut plus foible qu'aux années precedentes. Cet affoiblissement a continué alternativement aux années fuivantes; de sorte que j'aurois eû quelquefois de la peine à la distinguer, si je n'avois sceu en quel endroit du ciel elle devoit paroistre. A quelques intervalles pourtant elle paroissoit assez claire, ce qui m'a tenu long-temps dans l'attente de ce qui en arriveroit, avant que de publier ce traité, qui a esté imprimé à diverses reprises. Car j'estois persuadé que cette lumiere se peut perdre de vûë pendant quelques années, & paroistre de nouveau, non feulement par les conjectures rapportées aux nombres 31. 37. 38. & 39. de ce traité, mais aussi par d'autres memoires que j'ay veûs depuis. J'ay crû qu'on y pourroit rapporter ces phénomenes lumineux qui paroissent de nuit, appellez par Festus Pompeius *Acies & Cyparissæ*, à cause de leur figure semblable à celle d'un cyprez, qui convient à nostre phénomene, particulierement aux lieux de la terre, où les signes qu'il occupe se levent ou se couchent presque perpendiculairement à l'horison; & que ce pourroit estre le mesme phénomene qu'Aimonius dans la vie de Charlemagne rapporte avoir esté observé l'an 807. le 28. de Février, à l'occasion d'une éclipse de lune qui arriva la mesme nuit. J'ay esté enfin convaincu que ce phénomene a paru autrefois, aprés que j'ay vû un avertissement que M. Childrey donne aux Mathematiciens à la fin de son Histoire Naturelle d'Angleterre, écrite environ l'an 1659, traduit de l'Anglois en ces termes : *Au mois de Février, & un peu devant & un peu aprés, j'ay observé pendant plusieurs années confecutives vers les six heures du soir, & quand le crepuscule a presque quité l'horison, un chemin fort aisé à remarquer qui se darde du crepuscule droit vers les Pléïades, & qui semble les toucher.*

Quoy qu'il ne dise pas en quoy ce chemin consiste, & que le crepuscule occupe une trop grande partie de l'horison, pour pouvoir juger si ce chemin s'étendoit le long du Zodiaque, & s'il estoit adressé au soleil, qui sont les proprietez de nostre lumiére, & qu'il le suppose toujours fixe dans la mesme constellation, au lieu que nostre lumiere parcourt en une année tous les signes du Zodiaque; il y a apparence que ce phénomene estoit le mesme qui paroist presentement, puisque dans nostre observation du 19 Fevrier 1685, nostre lumiere qui se voioit sur une partie de la constellation d'Andromede, de la Baleine, & d'Aries, fembloit s'étendre jufqu'aux Pleïades. Elle aura ceffé de paroiftre depuis fenfiblement pendant une longue fuite d'années; puifqu'elle n'a paru dans les obfervations que j'ay faites entre l'année 1663 & 1683 en la mefme faifon de l'année, fur les mefmes conftellations, que j'ay confiderées avec une attention particuliere, qui m'a fait appercevoir aux mefmes lieux & aux environs, des objets plus difficiles à diftinguer, que j'ay rapportez au nombre 30.

C'eft une chofe remarquable, que depuis la fin de l'année 1688, que cette lumiere commença à s'affoiblir, il n'a plus paru de taches dans le foleil, où les années precedentes elles eftoient affez frequentes; ce qui femble appuyer en quelque maniere les conjectures expofées au nombre 21 & 22, que cette lumiere peut venir du mefme écoulement que les taches & les facules du foleil. Au moins la grande inégalité des intervalles de temps, qui font entre les apparitions des taches du foleil, a quelque analogie aux viciffitudes irregulieres de la foibleffe & de la vivacité de cette lumiere en pareilles circonftances de la conftitution de l'air, & de l'obfcurité du Ciel.

Dans les dernieres obfervations de cette lumiere, qui ont efté faites au mois de Janvier de cette année 1693, elle paroiffoit fort claire le foir, & foible le matin. Il y a lieu de juger qu'on continuera de la voir clairement en abfence de la lune, après le crepufcule du foir jufqu'à la fin d'Avril, & avant le crepufcule du matin au commencement de Septembre & des mois fuivans, & tant au matin qu'au foir vers la fin de Decembre de cette mefme année, qui eft l'onziéme après que nous commençâmes d'appercevoir cette lumiere à l'Obfervatoire Royal.

www.ingramcontent.com/pod-product-compliance
Ingram Content Group UK Ltd.
Pitfield, Milton Keynes, MK11 3LW, UK
UKHW020406180726
13839UKWH00003B/1263